6/13/2008

Dear Junko,

I hope you enjoy this. We really enjoy you and the kids. It's great to be part of the family.

Love,

S

幸せな結婚を引き寄せる
最強プラン

ダーリンは「4人の騎士」から選びなさい!

THE
FOUR MAN PLAN
A Romantic Science

シンディ・ルウ 著
北村礼子 訳

The Four Man Plan : a romantic science
by Cindy Lu

Japanese translation rights arranged with Vigliano Associates
through Japan UNI Agency, Inc.

Illustration Credits

Four Man Plan men on cover and title page : Jason Hill
Line drawings of Albert Einstein: david Milano
Line drawings and figures by Jen Cleary, Cindy Lu
Stick Figure of Cindy Lu: Jen Cleary
4MPlanners Mantris Graphs: Ellen Bartell, Lacey Brooks, Glenna Citron,
Stacy Solodkin, and Lucy Yeh
Cover concept by: Cindy Lu

とっても魅力的なのに、ダーリンがいないあなた
いつまでたってもシングルのあなた——

ぜひフォー・マン・プラン（4MP）を
試してみてください。

「真実とは知ることよりも
追求することにこそ価値がある」

——アインシュタイン

目次

CONTENTS

はじめに

フォー・マン・プラン（以下４ＭＰ）はとても手軽で画期的な「恋愛革命」――学校では教えてくれない恋愛の根本を、わかりやすく学べる科学的なシステムです。

シングルライフから抜け出したい人は、ぜひ４ＭＰを試してみてください。ただし、タレントのような男性にばかり憧れていてはいけません。理想を捨てて、裏ワザを使いこなしましょう。

世の中には根っから恋愛下手な人もいます。どんなにがんばっても、いつもティッシュが山になるほど涙を流し、着信拒否などのひどい目にあうタイプ。

また、才色兼備の人気者で、恋愛以外では楽しい毎日を送っている人もいます。独りの時間を上手に使って友だちづきあいを広げ、キャリアアップしていくしっかり屋さん。この手の女性は、いわゆる〝負け犬〟タイプではないのですが、なかなか本命の結婚相手が見つかりません。それは目標を決めずにダラダラとデートしているから。自分と相性の悪い人ばかりを好きになる傾向もあります。

その結果、ネコしか話し相手のいない、さみしいシングルライフを送ることになり、あげくの果てには「恋愛だけが人生じゃない！」と開きなおる。

ヒキガエルが王子様になるようなおとぎ話みたいな奇跡でも起こらないかぎり、素敵な男性とめぐり会うのはむずかしい……とため息が聞こえそうですが、実は、この「夢見る乙女」症候群こそがクセもの。現実を直視しましょう。赤い服を着たサンタクロースや、カゴいっぱいの卵を運んでくるイースター・バニーなんて架空の存在。それと同じように、お城に住んでいる超イケメンの王子様と運命の恋に落ちるなんてウソ。結婚相手の選択は、ランチのメニューを決めたり光熱費を支払ったりするように現実的なものなのです。

わたしも白馬の王子様に憧れているうちは、失恋続きで泣き暮らしていました。そんなわたしを立ち直らせてくれたのが、４ＭＰの公式だったのです。この本を読めば恋愛の仕組みがよくわかり、結婚についての疑問がすっきり解決します。まずはつきあう相手の多少の欠点には目をつぶること。あなただって完璧ではないのだから。

４ＭＰで大切なことは、気長に取り組むこと。わたしの場合、４ＭＰをはじめて9カ月で経済力があって誠実な男性と出会い、6年の交際期間を経て、２００7年にゴールインしました。長い道のりでしたが、わたしたちは毎日ラブラブな生活を送っています。つまり、わたし自身が４ＭＰの最初の成功者なのです。

4MPに入門するにはまず、次の覚悟が必要です。

＊**自分自身**（自分の力、自分の気持ち、自分の体）**に誇りを持つこと。**
＊**中身のある男を選ぶこと。**
＊**選ばれた者ではなく、選んだ者になること。**
＊**情緒の安定を保つこと。**
＊**下手な恋愛術に執着しないこと。**
＊**シングルライフを満喫すること。**

←

運命の人が、あなたを受け入れ、あなたの足元に口づけし、あなたの体を焦がし、永遠の幸福へと導いてくれるでしょう。

絶対成功します！　恋愛算数を楽しんで。

（算数が得意でなくても大丈夫。ステップごとにわかりやすい解説がついています）

第１章
フォー・マン・プランの方程式

$$4(m)^p = u + 1$$

**４人分の男性とつきあい、
プランの効果を加えれば、
あなたにもダーリンが見つかるはず。**

**「幸せな人生を送りたければ、
人目や物欲にとらわれず、
目的に向かって突き進むこと」**

――アインシュタイン

フォー・マン・プランの基本方程式

　真実の愛を見つけるための基本方程式です。アインシュタインの $E=MC^2$ が、物理の世界の大原則であるのと同じく、$4(m)^p=u+1$ は愛の勝者の大原則です。ね、ごく単純で簡単でしょう？

四人分の男性を選んで
プランを実施すると
あなたは魅力的になり
ダーリンが見つかります！

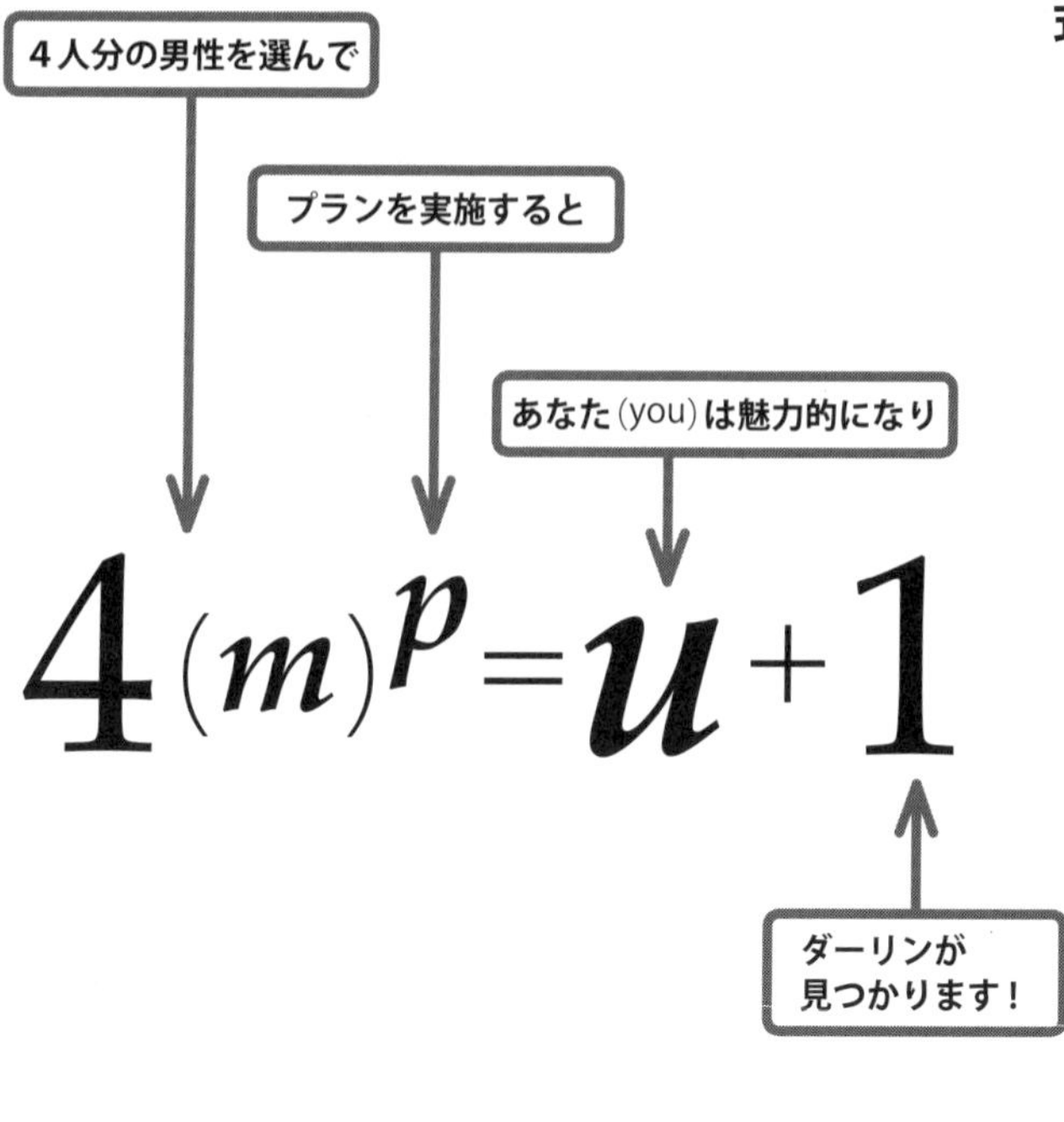

フォー・マン・プランで使う、男性を表す記号

複数の男性とデートしましょう。ただし、全員と平等につきあうことはありません。プランにリストアップする男性、つまり「ダーリン候補」を、つきあいの深さによって四つのタイプに分類しましょう。

1/4の男

1/2の男

1の男

2 1/4の男

ちょっと過激な記号ですが、セックスも4MPの一部なので、あしからず……。

ダーリン育成グラフ

記号を描き入れるグラフが、このダーリン育成グラフです。４ＭＰの目的は、さまざまなタイプの男性でダーリン育成グラフを埋めることです。

ダーリン育成グラフとダーリン候補は４ＭＰの中心です。このグラフを使えば、ダーリン候補たちの状況を整理し、プランの進み具合を図に表わすことができます。

第8章に私自身のグラフが、第10章には４ＭＰをすでに実践し成功を収めた女性たちのグラフが載っています。

本を読み終えたら、今度はあなたの番。巻末のグラフの空白を埋めてみて。センスのいいイラストで、オリジナルのグラフを作りましょう。

第2章

フォー・マン・プラン、
正しさの裏づけ

迷信（ミス） vs 数学（マス）

「観察できるものごとは、
理論によって裏づけられている」
——アインシュタイン

フォー・マン・プランは、明確な理論に基づいています。これから紹介する六つの裏づけで、4MPの正しさを証明していきます。今まで、あなたが信じてきた恋愛のルールが、いかに思い込みと勘違いの産物だったのかを知って、きっと愕然とすることでしょう。

1 4MPとペット

シーザ・ミランの『さすらいのドッグトレーナー』というテレビ番組には、人生の〝勝ち組〟になるヒントが含まれています。

ミランによると、犬は犬として扱うべきであり、人間の家族や友だちのように扱うのはもってのほか。犬には人間とはちがう生活習慣があるのです。ですから、あくまでも犬として人間社会に溶け込ませないと、犬に人間の流儀を押しつけることになってしまいます。実際、犬は人間言葉で話しかけられるよりも、犬用の訓練用語にしたがいます。

男女交際も同じこと。男性を犬扱いするわけではないけれど、彼らはわたしたち女性とはちがうのです。微妙で複雑な女心を理解してくれる男性を探すよりも、単純で率直な男性の気持ちに合わせるほうが手っとりばやい！

4MPでは男性の心理や習性に注目し、詳しく手ほどきしていきます。

誤	正
わたしを理解してくれる男性を募集中。	男性の気持ちを理解し、相手に合わせるほうがだんぜん楽。

2 4MPとカジノ

カジノ経営は確実に儲かる商売ですが、店側が敗者の掛け金を巻き上げていることは誰でもご存じのはず。それでも世界中の人々がギャンブルにお金をつぎ込むのは、なぜでしょうか？

それは彼らが人間の行動パターンと数学的な確率をうまく利用しているから。

人間の行動パターン＝「人間は楽天的である」。人間はチャンスに賭ける習性があります。ラスベガスでギャンブルをすれば損をするとわかっていても、なかには勝つ人もいるのだからと夢を買うのです。

数学的な確率＝「賭けはカジノが儲かるようにできている」。カジノは1ゲームあたり16対15の割合で店側が勝つそうです。しかもゲームの回数が増えて掛け金が高くなればなるほど、その確率は安定する。つまり、店側はツキに関係なく、必ず儲かるのです。しかも一人のプレイヤーからではなく、派手な宣伝で集めた大勢のお客から巻き上げているのです。

4MPを使えば、デートをカジノのように操ることができます。大勢のプレイヤーをひきつける魅力さえあれば、こっちのもの。夢をかなえるために計算高くなりましょう。

誤 運命の人は一人だけ。

正 世界には66億の人がいます。既婚者の多くが、ダーリン候補はたくさんいたと証言しています。賭けを有利に進めるには、一人の相手にこだわらず、なるべく大勢の人との出会いを求めましょう！

3　4MPと筋トレ

わたしはエクササイズのために何年もヨガやジム通いを続け、大きなお尻やぶよぶよの二の腕はどうしようもないと思い知りました……。それでも健康には自信があったのですが、30代に突入すると体力が落ちはじめました。そんなある日、ジムでパーソナルトレーナーの広告を見かけました。「健康増進の時間を取らなければ、病院通いをする時間を作ることになる」。その言葉にギクリとし、試しに指導を受けてみることにしました。

わたしのトレーナーのブリジットは鬼のように厳しい人でしたが、何カ月も運動を続け、情け容赦のない指導にしたがった結果、いつのまにか肩に以前はなかった筋肉がついていました。彼女にそれを見せると「それは三角筋よ」と教えてくれました。わたしは三角筋が何かすら知らなかったのですが、それは、引き締まったお尻、かたい腹筋、ぷるぷるしなくなった二の腕に次ぐ快挙でした。

４ＭＰは愛のフィットネスです。肉体のフィットネスと同じように、効果を得るためには一定期間続けなくてはなりません。つらくても、続ければ必ず結果が出ます。人生何ごとも楽をしていては進歩しませんが、恋愛と健康管理は、とくに手抜きは禁物。

正　誤

わたしはデートが苦手。

どうしても欲しいものは、努力して苦手意識を克服しなくては手に入りません。

4 ４ＭＰとスポーツ

４ＭＰに一番近いスポーツはゴルフです。プレイヤーたち（４ＭＰではダーリン候補）はコースで自己ベストを競い合い、その成績によってスコアボードの順位が次々と入れ替わります。ゴルフは直接勝負ではなく、技術と冷静さが必要な紳士のスポーツなのです。

男の子は子どもの頃にスポーツに夢中になります。そして競技ごとのルールを学び、勝ち負けを経験しながら、試合で戦う楽しみを体に叩き込まれるのです。

でも女性を喜ばせる方法は知りません。父親から「勝ち負けは関係ない。試合でどう戦ったかが大切だ」と励まされることはあっても、「ママに感謝の気持ちを伝えるために、一緒に洗濯しよう」と誘われることはめったにないからです。

だから、男性に複雑な女心をわかってもらうのはしょせんムリなこと。それよりも、男性の単純なスポーツマンシップを学ぶほうがよっぽど楽。男性の気持ちに沿ったフォーマットを使って恋愛戦略を練り、必勝法をマスターしましょう。

あなた自身が戦う必要はありません。「高嶺の花」になりすまして、男性たちをとことん戦わせればいいのです。

そのためには、ダーリン候補たちにライバルの男性の存在を知らせることが大切です。これは単なる恋愛ではなく、戦いなのですから。

誤 ライバルと戦わせると、彼がその気を失くしてしまう。

正 男性は競争によって実力や能力を評価されることに慣れています。
その評価こそが男心をくすぐるのです。

5　4MPとお気に入りのデニム

わたしはデニムを12本もっています。ブーツに合うもの、ホールターネックのトップスに合うもの、ダークカラー、ライトウォッシュ、かわいいポケットつきなど、いろいろと揃えていますが、よく穿くお気に入りは1本だけ。手放すのは洗濯する日のみ。それでも緊急事態となれば、洗濯カゴから引っ張り出してきます。とても穿きごこちがいいうえに、よそゆきにも普段着にも似合い、お尻の形をかっこよく見せてくれるからです。

みなさんにもお気に入りのデニムがあるでしょう？　買うときに、それがとっておきの1本になると思いましたか？　わたしは思いませんでした。わたしのお気に入りは「ラッキーブランド」のものです。格好つけて穿いていたキツキツのスカートを着替えたくて、たまたまローマンズ（大手ディスカウント・チェーン店）で買った安物ですが、大のお気に入り。わたしが厳選して集めてきたデニムのなかには高級品もありますが、できれば「ラッキーブランド」を毎日穿きたいくらい。おばあちゃんになっても穿いていたい、墓場まで持っていきたいくらい気に入っているのです。

4MPでも、好みのタイプではない男性が運命の人になることがあります。つねにアンテナを張りめぐらしておきましょう。

誤　男性のタイプにはこだわりがある。

正　探しものは、思わぬ場所に隠れていることもあります。

6　4MPと株式投資

投資を一つの銘柄にしぼるのは、下手なやり方です。たとえばネットフリックス（オンラインDVDレンタル）に全額を投資したとしましょう。老後の蓄えを築きたいと、株の動きに一喜一憂しても時間の無駄。不安が募るばかり……。

新進気鋭の中小企業にとっても、それは大きなプレッシャーです。ネットフリックスに電話して全財産を投資して人生を託していると伝えたら、きっと「投資を分散してください」と言われるでしょう。

４ＭＰでは、愛の株式を分散して、それぞれのダーリン候補のリスクを減らします。結婚への期待を分散して、目的を達成する可能性を上げるのです。そうすれば、男性側のプレッシャーも軽くなるはず。バレンタインデーに四つのデートの約束を取りつけ、旅行のときに６枚の航空券を予約しておけば、ぬかりはありません。あとはどれを選ぶか楽しみに待つばかり。

最終的には一人のダーリン候補に老後を託すことになりますが、まずはバランスよく投資して心の平和を保ちましょう。

誤　わたしは男に一途。

正　「待つ身は長い」という諺があるけれど、待たれるほうも気が重いもの。

第3章
フォー・マン・プランをはじめる前に

POSTULATE＝（名詞）

①真実とされていること、あるいは真実だと信じられていること。議論や理論の根拠として用いられる。
②必要不可欠な条件・資格。

4MPを成功させるためには、
前提条件を受け入れる必要があります。

「何ごとも徹底的に単純化すべきだ。
中途半端ではなく」

――アインシュタイン

４ＭＰをはじめるには、次の五つの前提条件を受け入れなくてはなりません。なかには納得できないものもあるかもしれませんが、高校の数学の授業のように、これらの条件を丸暗記し、プランがスランプにおちいったときに役立てればいいのです。だって、テストでいい点を取るコツは、丸暗記だったでしょう？

前提条件 その１ 恋愛の分布／自分は〝その他大勢〟である。

喫茶店で運命の出会いをしたり、一目ぼれした相手とゴールインしたりするのは、宝くじが当たるようなもの。そんな幸運はまず訪れません。

世論調査の結果によると、世の中の人の50％が一目ぼれを経験します。そのうち、両想いになるのは10％です。50％のうちの10％ですから、全体の５％にすぎないということです。また、一人暮らしが性に合っている人も５％います（髪の毛がボサボサの変わり者のご近所さんなどです）。

つまり残りの90％の人は、一目ぼれ以外で恋愛のチャンスをつかむ。それでも運命の人を見つける方法はたくさんあります。だから運命の出会いを待っていないで、第一印象がイマイチの男性にも愛想をふりまきましょう。彼らも可能性ゼロではないのですから。

Distribution of Love Pie Chart

Postulate #1

＜恋愛分布のグラフ＞

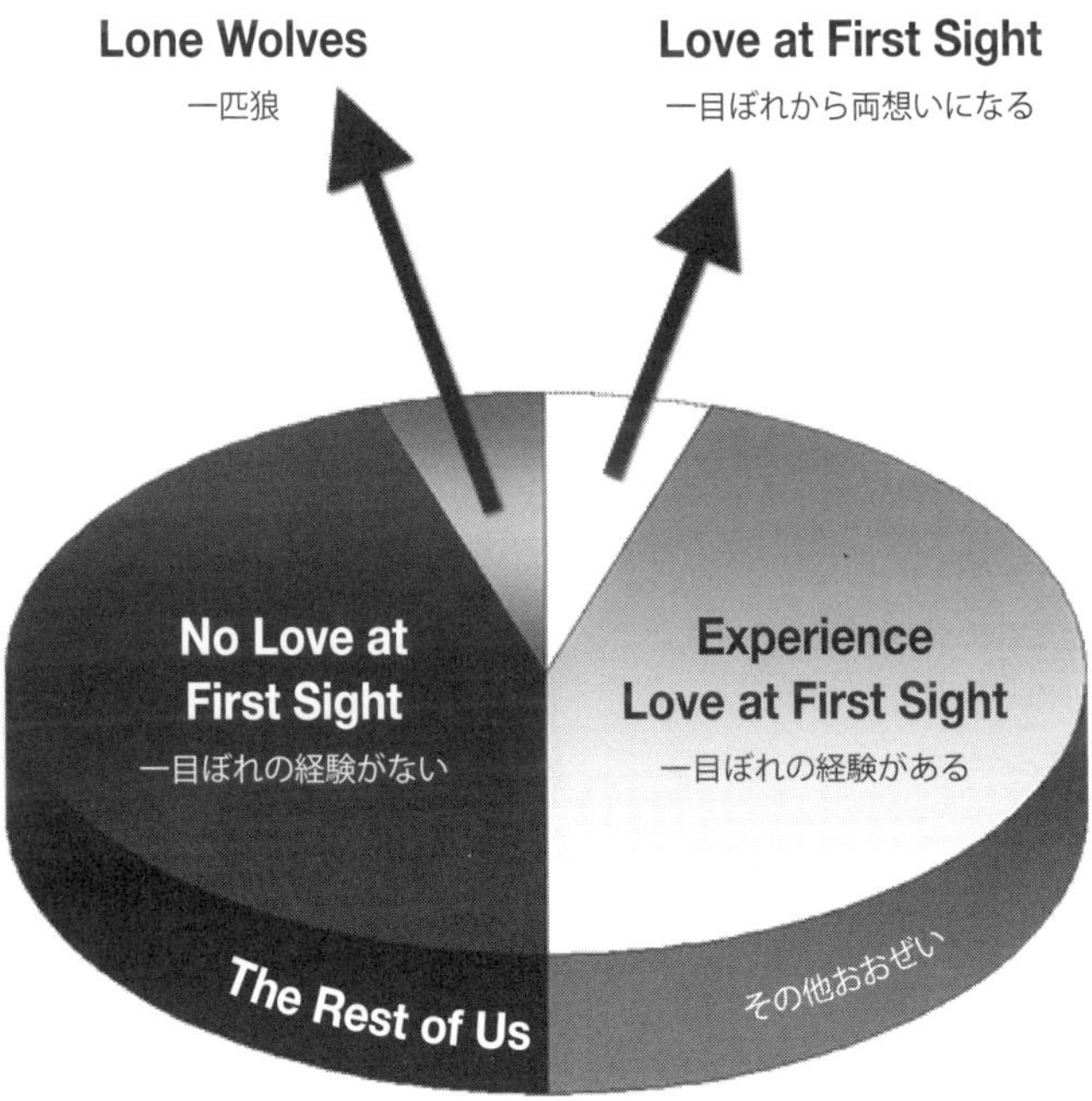

前提条件 その2　ディズニーの法則／恋愛バトルには男女差がある。

男性が一人の女性をめぐって争うと、長所が現われます。内に秘めた騎士道、正々堂々としたスポーツマンシップ、ロマンティックな一面が発揮されるのです。さらにボーナスポイントとして、勝敗にかかわらず紳士へと成長します。１９３７年に制作された、あのディズニーのアニメーション映画にも、このような男性の特性は描かれています。

（例1）白雪姫と七人の小人

小人たちはみんな白雪姫を愛していましたが、白雪姫が背の高いハンサムな王子と去った後も友情を保ちました。

（例2）『バチェラレット』（女性を争奪する集団お見合いバラエティ番組）

男性たちは突然目覚めたかのように、ロマンティックな詩を書き、二番手に終わったとしても、結婚式の介添え役を務めます。

逆に女性が男性を争うと、短所が現われます。おたがいを攻撃しあい、ネコをかぶり、自己嫌悪におちいります。悪口を言い、電子メールを盗み読みし、勝敗にかかわらず、嫉妬深く卑屈な女になります。

（例1）シンデレラ
意地悪な義理の姉たちは、シンデレラを地下室に閉じ込め、自分たちの大足を小さなガラスの靴に押し込もうとしました。

（例2）『バチェラー』（男性を争奪する集団お見合いバラエティ番組）
女の子たちは男性のベットルームに半裸で忍び込んでお色気で迫り、ライバルたちの悪口をしきりに言いたてます。

The Disney Theorem
Postulate #2
<ディズニーの法則>

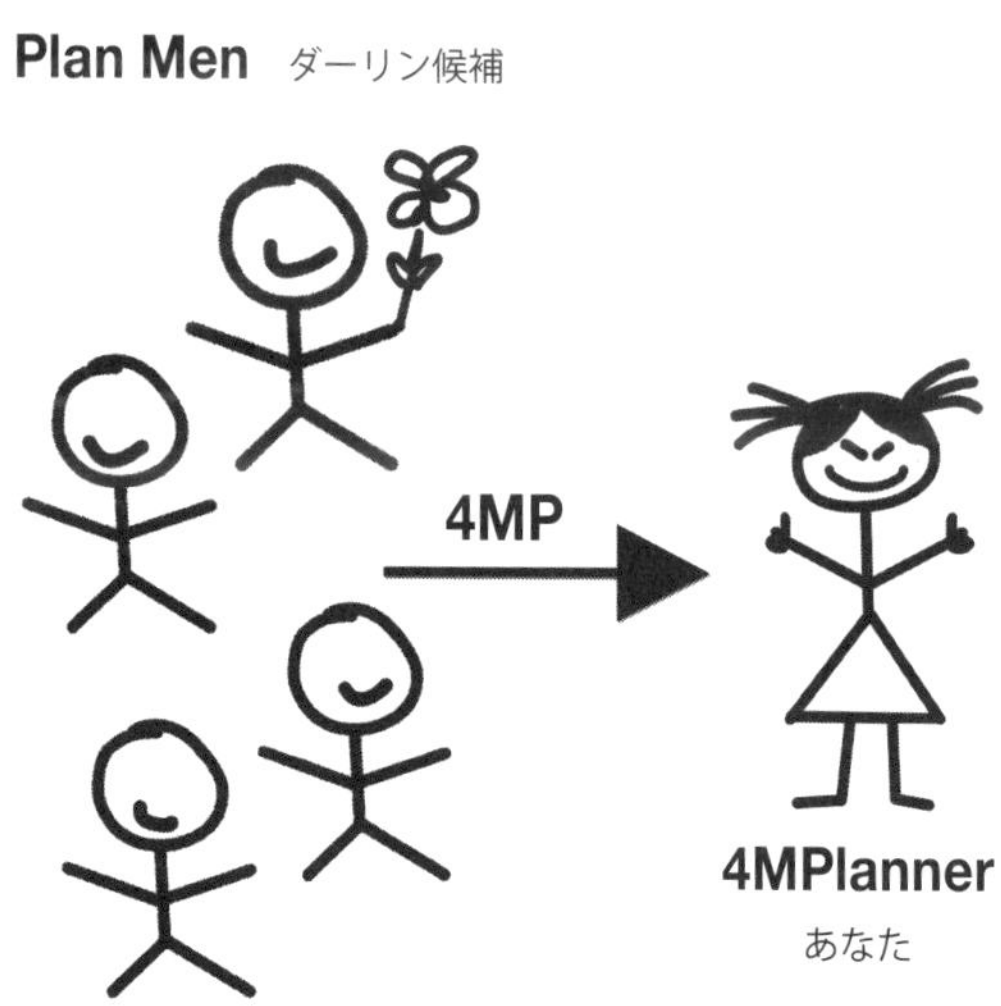

前提条件 その3　セックスは最後の切り札／体を許すタイミングをはかる。

４ＭＰとスポーツの関係を思い出して。男性にとってセックスはゴールラインです。落とすのに手こずるプロ級の相手のほうがおもしろい。男性は誰とでも寝ますが、本気で恋をするのは、ＮＦＬ選手のように戦いがいのある女性です。

男はライオンのようなもの。男性にとって、セックスは本能の一部で、種を残すために自然とセックス願望が働きます。ライオンが狩りをするように、生存本能にかられてセックスを求めるのです。簡単に体を許す女には喜んで食いつきますが、性的に興奮しているだけで本当の愛ではありません。

それに、あまりにも簡単にセックスをサービスすると、サバンナの百獣の王を、動物園のオリの中に囲ってしまうことにもなります。動物園のライオンはエサ箱の近くをうろついて、差し出された肉を食べますが、そんな食生活は不自然で欲求不満がつのるいっぽう。たしかに満腹にはなりますが、本当は狩りがしたくてたまらないのです。

恋愛のサファリパークでも、簡単にしとめられる女は、傷ついたシカや逃げおくれたバイソン以下。つまらないエサ用の肉あつかいされてしまいます。あまり大きな声では言えませんが、みなさん、脚はしっかり閉じておきましょう。

Q 彼は私が好きだからセックスしたいはずよ！

A 男性はすぐにセックスに応じます。頭と下半身は別物だからです。ですから女性があまりにも簡単に体を許すと——男性は本能のままに射精しますが、ソーセージがしぼむと、あなたのことを簡単に寝る女だと軽蔑します。自分からしつこく誘ったくせに……。ひどい話でしょう？

彼にしつこく迫られたら？　お気の毒ですが我慢してもらって。どんなにせがまれても、ダメなものはダメ。彼を部屋に入れても、下見がてらにペニスを出してもらい、マイクに見立てて歌う程度にしておきましょう。まあ、そこまで丸出しにさせることはありませんが、とにかく発射はＮＧ。情に流されてセックスをしてはいけません。ましてや食事や映画をおごってもらったお返しにするなんて、もってのほか！

X軸は男性の関心や思いやりのレベルを表わします。たとえば、ドアを開けてくれる、虫を退治してくれる、話を聞いてくれる、など。Y軸はつきあった期間、あるいはデートの回数を表します。セックスした瞬間を〝頂点〟に、彼の気持ちは冷めていきます。

The Wait for Sex Index Graph

Postulate #3

<体を許すタイミングのグラフ>

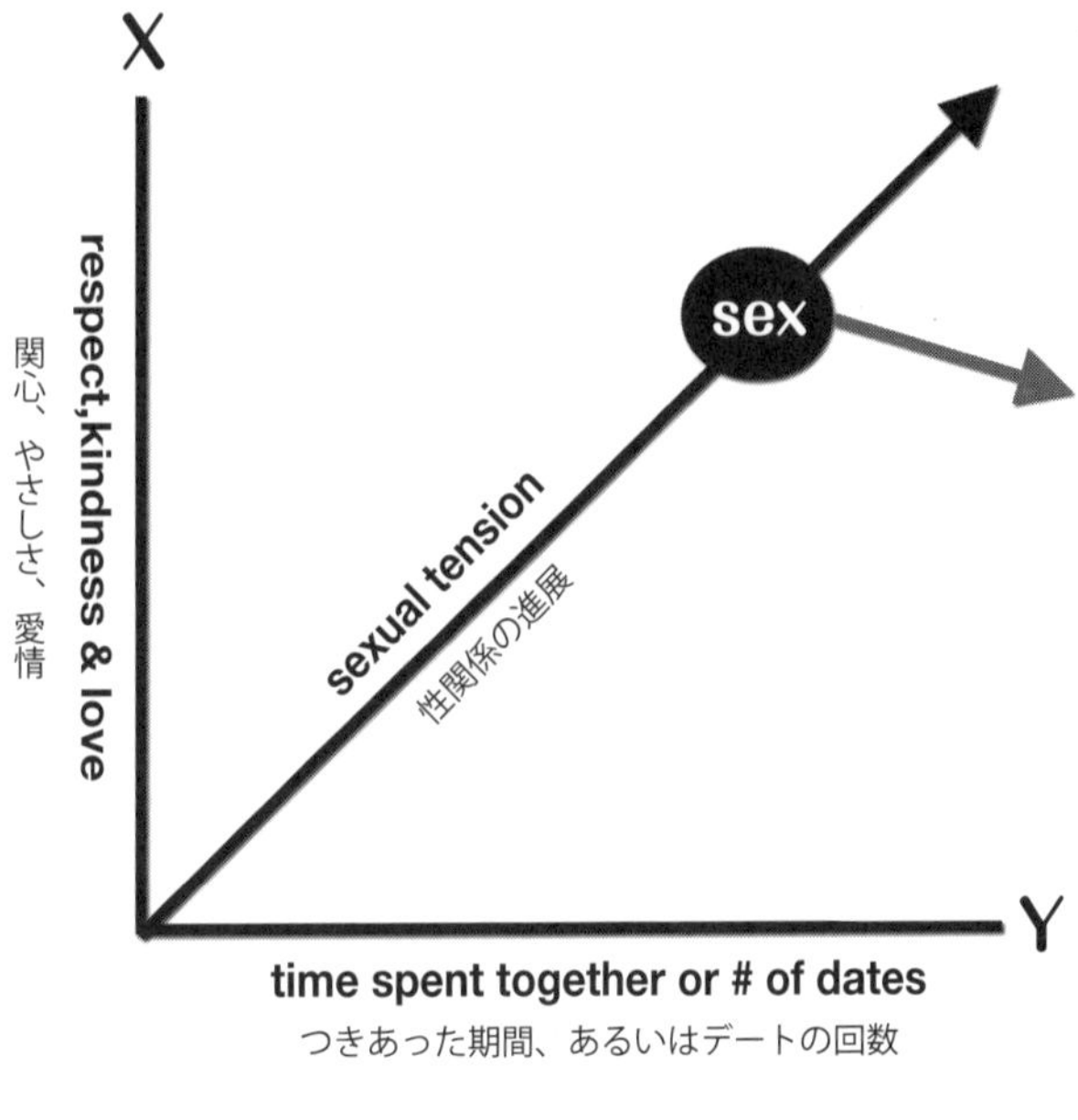

セックスをしないでつきあった期間が長ければ長いほど、彼はあなたの虜となり、ポイントをアップするために努力します。たとえセックスする前に彼の気持ちが冷めたとしても、セックスしてからフラれるよりはまし——相手は最初から体目当てだったのですから。寝なかったおかげで、さっさと手を切ることができるでしょう。

これはお遊びではなく、恋愛の真剣勝負なのです。未来のダーリンにふさわしい愛情や誠実さをしっかりと見極めましょう。つきあいが深まるにつれ、彼の本性が自然と顔を出します。そして「この人こそ、わたしが求めていた結婚相手！」とビビッときたときこそ、ベッドイン！

前提条件 その4　チャックの教訓／誠実な男性は尻軽女を嫌う。

プランに登場するダーリン候補はみんな「運命の人（または後で学ぶ3½の男）」になる可能性を秘めています。それを棒にふらないようにしましょう。

わたしは遊び人のエディに気をとられて、誠実なチャックとの幸せな未来を台なしにしてしまいました（くわしくは第7章『**バックストーリー**』のチャックの項を参照）。わたしがエディとセックスした瞬間に、チャックとの仲は終わってしまったのです。

セックスのこととなると、男性はとてもシビア。本気でつきあう場合、初めての男ではなくとも最後の男でありたい、誰にも二人の関係を犯されたくないと願います。チャックはプライドの高い人でしたから、エディのペニスに汚されたわたしを許せず、熱々のポテトのように吐き捨てたのです。

誠実な男性から尻軽女だと軽蔑され、プランから脱走されないように、この教訓を肝に銘じておきましょう。

前提条件 その5　恋愛に失敗はつきもの／恋愛感情はコントロール不可能。

誰もが生まれつき恋愛下手なわけではありません。でも人を好きになったり、アプローチしたり、別れたりするときには、コントロール不能な恋愛感情が働きます。

恋愛下手になってしまう原因はひとそれぞれですが、くよくよ考えることはありません。不得意なことを克服するには、自分自身を冷静に見つめなおし、それまでのアプローチを改め、助けを求めるのが一番です。ほかの人が成功したやり方をまねてみるのも手です。

自力でがんばっても、セラピーに通っても、実際に男性とつきあわなくては成長しません。その点4MPなら、ダーリン候補たちとつきあいながら、自分を見つめなおし、成長するきっかけをつかむことができるはず。

第４章
ダーリン候補の条件

白衣をはおりましょう。
さあ、ここからは
汚れ仕事です。

「人間ばかりでなく、あらゆる生物や全ての自然を大切にする、慈しみの気持ちの輪を広げるのが、われわれに課せられた使命だ」

――アインシュタイン

人間が脳の10パーセント以下しか使っていないのは有名な話ですが、恋愛がうまくいかないということは、ハートもじゅうぶんには使っていないのかも。次の練習問題は、プランを実行するための準備体操です。ハートの筋肉を伸ばし、ワギナを引き締めましょう。

練習問題1　NG条件リストの作成

あなたにとっての、男性のNG条件リストを作成しましょう。たとえば、身長6フィート以下、お笑い系、菜食主義者など。

1.

2.

3.

4.

5.

6.

7.

8.

9.

10.

これで、あなたが今までNGだと思っていた条件がはっきりしました。でも不思議なことに、あなたが心から愛することになる男性は、これらの条件のいくつかには当てはまるでしょう。

プラン進行中は、第6章の『はしごの外し方』に当てはまらないかぎり、NG要素を持っている男性を避けてはいけません。運命の相手は思いがけないところに隠れているのです。

練習問題2　希望条件リストの作成

次に、男性の希望条件リストを作成しましょう。なるべく細かく書いてください。たとえば、ハンサム、お金持ち、セクシー、チャーミング、手先が器用、運転免許を持っている、カクテルが作れるなど。

1.

2.

3.

4.

5.

6.

7.

8. 誠実

9. やさしい

10. 協調性がある

プランを実行するからには、数ある条件のなかでも最後の三つを重視してください。マーカーを引き、丸で囲み、暗記すること。誠実、やさしい、協調性がある――ダーリン候補を探すときには、他の条件に目をつぶってでも、この三つの条件を優先しましょう。これらの条件を素早く見極められるようになれば、ゲームを有利に進めることができます。ピンとこない人は、次の説明を参考にしてみて。

誠実＝信頼を裏づけるデータが揃っている
所在がはっきりしている
略歴が正しい
本当の自分をさらけ出す

データが揃っていれば、落ち着いてプランを進めることができます。本当の自分をさらけ出されるのは必ずしも気持ちのいいものではありませんが、相手があなたとの関係を大切に思っている証。つらいときや行きづまったときでも、誠実さがあれば二人の絆は揺るぎません。

やさしい＝思いやりのある行動が目立つ
手をつないでくれる
話をよく聞いてくれる
困ったときに協力してくれる

やさしさはさりげない行動に表われます。愛情表現のうまい男性もいますが、本当にやさしいのは、仕事が忙しいときに代わりに犬の散歩をしてくれたり、いやなことがあった日にグチを聞いてくれたりする人です。

協調性がある＝適応力がある

一緒にヨガをやってくれる
すぐに寝たがらない
自分や周囲のことに関心がある

協調性はあらゆる欠点を帳消しにします。協調性がある人は周囲のものごとに敏感です。その好奇心が恋愛に向けられると、つきあいのいい、最高の恋人になります。無理を言わないかぎり、喜んであなたのお願いをきいてくれるでしょう。スウォッチを塗り直してくれたり、従兄弟の誕生パーティに参加してくれたり、家電製品の修理してくれたり……。

この三つの条件を満たす男性に出会うには、日ごろの心がけが大切です。貯金がたくさんあるとか、レザーパンツが似合うおしゃれな人だとかいうことは、二の次にしておきましょう。

練習問題3　性的衝動をおさめるおまじない

次のことを頭に叩き込んでおきましょう。

あなたの気持ちとワギナは別物で、セックスしたい相手とつきあいたい相手が必ずしも一致するとはかぎりません。心当たりがあるのでは？

セックスが上手な男性につい夢中になって自分を見失い、痛い目にあうのはよくある話です。恋愛がうまくいかないのがワギナのせいだとしたら、どうやって調教したらいいのでしょう？

性的衝動をしずめるおまじないを唱えるのです。これからはあなたの言うことをきくように、とやさしく語りかけて。たしかにワギナの要求も一理ありますが、そこが快楽に弱いことを忘れないでください。ワギナの反応を見ながら、注意深く指導しましょう。最終的には、あなたの言うことにしたがってくれるはず。くれぐれもベッドの上で支配権を握らせないように！

どうどうどう……、静かにしていてちょうだい。
ワギナで愛を感じていけないわけではありません。それなりに尊重し、デリケートなバラのつぼみのように大切に扱ってあげましょう。そしてタイミングが合い、あなたの気持ちとワギナの意見が一致したら……あっ、あっ、あ〜ん！　心も体も大満足。

第５章
ダーリン候補の分類

**すべての男性を平等に扱うことはありません。
ダーリン候補を４タイプに分類し、
最大４人分まで増やしていきましょう。**

候補者大募集！

「重要なものが必ずしも捉えることができるものの中にあるとは限らず、重要なものすべてを捉えられるわけではない」

――アインシュタイン

どんな男性もはじまりはここから——♂1/4の男

あなたに気がある男性、あなたがデートしてもいいと思う男性、電話番号やメールアドレスを交換した男性は、まず♂1/4の男からスタートします。

条件　連絡先を交換した、身元の分かっている独身男性全般。

たとえばこんな男性が当てはまります。

向こうはあなたに夢中だけれど、「冗談でしょう」「ちょっとイマイチね」という男性。

あなたがアタックしているにもかかわらず、なかなか振りむいてくれない男性。

あなたのタイプではないので、わざわざ時間を作ってまでデートしたくない男性(たとえば背が低い、貧乏、女々しい、毛深い、歯並びが悪いなど)。

相手のことを好きでなくでもかまいません。恋人になる可能性の有無にかかわらず、空きがあればグラフに入れておきましょう。グラフがいっぱいになるまでは、より好みをしている場合ではありません。

Q どうして好きでもない男とつきあわなくてはならないの？

A 恋愛はポーカーのようなもの。初心者は100ドル札ではなく25セント硬貨（クウォーター）から賭けるほうが安全です。まずは気軽に♂¼の男（クウォーターマン）を集めてみて。

初対面の人、ちょっとした顔見知り、友だちの友だち、ネットで知り合った人などは、連絡先を交換した時点で♂¼の男になります、あなたのほうから最初のコンタクトをとってもかまいません。

お高くとまっていては、プランは進みません。気のある相手には、こちらから積極的に電話をしてみましょう。ただし一回だけ。気のない相手は、向こうからかけてくるのを待ちましょう。

相手から2週間連絡がなければ、♂¼の男から外します。後で連絡があった時点で、ダーリン育成グラフに余白があれば、復帰させましょう。

¼の男

¼の記号です。本文ではを使います。グラフでは、こんな感じ。

もちろんあなたのオリジナルなマークを使ってもOKです。

♂ 1/4の男の集め方

①家を出る前に、名刺かメールアドレスを書いたメモを用意しましょう。準備のいい人ほどモテます！

②ダーリン候補に目をつけたら、彼に近づき、次のことを試してみましょう。

a　その場についてコメントする
b　相手をほめる
c　適当な話題をふって相手の意見を求める
d　相手に質問をする
e　a～dのすべてを試してみる

気をきかせて、かわいらしく、はきはきと話しましょう。
何回か練習すればうまくできるようになります。

③次に「わたし××です」と自己紹介し、「お名前は？」と聞いてみましょう。
コーヒーショップで前に並んだ人や、バスで隣り合った人、ダンスパーティで出会った人などに声をかけてもかまいません。

④たとえ会話が続かなくても、ポケットから名刺かメールアドレスを書いたメモを取り出し、さりげなく手渡して「△△さん、よろしく」と言いましょう。

⑤そして、微笑みながら立ち去ります。これで任務完了。彼をダーリン候補としてグラフに加えましょう。

これはリターンが大きく、ストレスが少ない方法です。少し慣れてきたら、アドリブを加えてもOKです。ただし、あくまでもストレートに。必ず相手に連絡先を教えて会話を終えるようにしましょう。

Q ♂1/4の男を集めるときの注意事項は?

A これは友だち探しではありません。男と女の関係を忘れないように(ただし性関係ではなく、あくまでも気持ちの面で)。

つねに自然体でいましょう。彼が読んでいる本を読んだふりをしたり、彼の趣味に合わせてテニスをはじめたりする必要はありません。

視野を広げましょう。より好みをしている場合ではありません、男探しを自分の好みのタイプに限定せず、とにかく誠実でやさしくて協調性があり、そして何より独身の男性を探しましょう。

プレッシャーをはねのけましょう。あなたが探しているのは本物の結婚相手ではなく、あくまでもダーリン候補にすぎません。グラフを埋めることに専念し、スロットマシーンのように25セント硬貨を吸い込みましょう。

薬指や卵管に焦りを感じているような態度を見せると、男性は引いてしまいます。恋愛の森では、ショットガンを手にした血まなこのハンターではなく、くんくんと鼻を動かす活発なウサギちゃんを演じましょう。

昇格のタイミング——♂½の男

♂½の男(ハーフマン)はおいしいおつまみ。二度目のデートの後に意気投合して三度目のデートに進む場合、昇格させることができます。

また、三度デートした男性は自動的に♂½の男になります。

条件　ダーリン候補には三度目のデートの前か途中に、他にもつきあっている人がいると伝えること。

プランを効果的に進めるためには、ダーリン候補にライバルの存在を知らせることが大切です。**『前提条件その2　ディズニーの法則』**で説明したように、恋愛バトルには男女差があります。男性にとってはライバルが現われてからが、プランの真のお楽しみなのです。

女性(とくに恋愛下手な女性)は、男性の言動に一喜一憂します。左手の薬指に指輪をしているかどうか確かめ、口説かれるのを待ち、自分を特別扱いしてくれるか、自分の愛情に応えてくれるかなどと気にします。しかも不安になればなるほど、敏感になる。わたしも「忙しい」「友達と約束がある」という言葉を疑ったり、流し台に置いてあるワイングラスを数えたり、枕に長い髪の毛がついていないかチェックしたりしたものです。

男性にも同じような性質があるけれど、それは競走馬がアウトサイドから攻めてくるライバル馬を察知するように働きます。そしてスポーツやゲームのように競争心に火がつくのです。

家に迎えにいったときに、だれかからもらった花束があったみたいだけど？

土曜日の夜、空いてる？

デートの最中にボーッとしてたのは、前の晩遅かったからかい？

Q 三度目のデートまでにライバルの存在を知らせなくてはならないの？

A 最近は三度目のデートでセックスする傾向がありますが、セックスを最後の切り札にするなら、三度目で体を許すのは早すぎます。ダーリン候補に他にもつきあっている相手がいると伝えれば、特別な関係になるまでセックスはおあずけ、という牽制にもなります。

また、四度目のデートでは恋人気分が盛り上がりすぎ、ライバルの存在を告げると、相手は裏切られたと思ってしまいます。その点、三度目のデートの前か途中なら、まだ恋人への過渡期ですから、相手もそれほどショックは受けないのです。

1/2の男

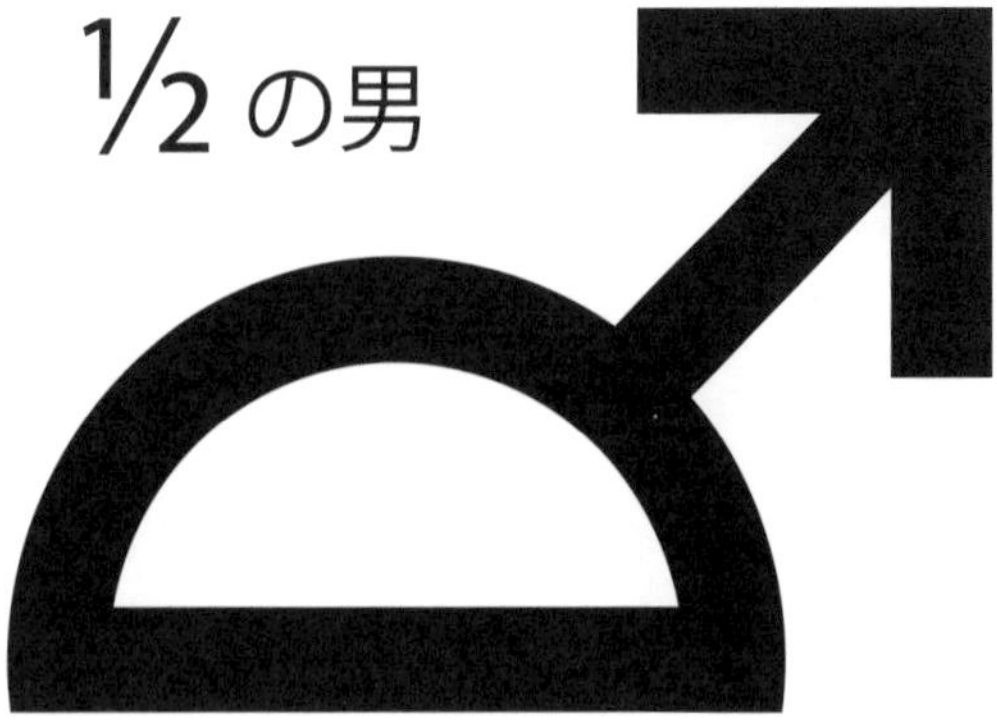

1/2の男のマークは半円に↗。グラフでは、1/4の男の2倍の大きさになります。

♂½の男の育成法

というわけで、ダーリン候補には三度目のデートの終わりまでに、他にもつきあっている相手がいることを告げ、♂½の男に育成すること。最初は気が進まないかもしれませんが、何回か試せば、自然に切り出せるようになります。超簡単な方法を紹介しましょう。これなら相手もフラれたといじけたりはしないはず。

会話例

「あなたとデートしていると楽しいわ。わたしがつきあっているなかで一番××な人よ」

××を彼にふさわしい言葉で埋めましょう。――おもしろい、素敵、やさしい、知的、かっこいい、才能がある、など。

「わたしデート好きなんだけど、あなたは最高の相手よ」

「インターネットでこんなに大勢の素敵な男性に出会えるなんて、予想外だわ」


ぜひ試してみて。彼に他にもつきあっている人がいることを伝えると、彼の本気度が高まり、こちらの思うつぼになります。

本命に近い位置♂1の男

♂1の男(ホールマン)は本気です。ライバルがいると知っても、ゲームを続けているのですから。次の二つのどちらかの条件を満たしたダーリン候補は、♂1の男に昇格します。

①別れ際の長いキス以上の関係に進んだ場合。ただし服を着たまま、いすに座った姿勢か、立ったままの行為まで。たとえばブラジャーの上からのペッティングなど。

②ダーリン候補から「愛している」と真剣告白された場合。

ただし愛していると言われたからといって、すぐに結婚を考えてはNG。わたしの経験では、ライバルと争っている男性は、こちらの気を引くために「愛している」という言葉を並べ立てるようになりますが、口先だけのことが多いのです。彼の愛の呪文にまどわされないこと。

♂1の男にふさわしくセックス以外で愛情を伝えてみましょう。愛には人を幸せにし、思いやりを育てる力があります。人を愛することは、ガーデニングのようなもので、いろいろな植物がそれぞれの育ち方をします。今まで味わったことのない実がなることもあります。よりよい栽培方法を学ぶために、愛の畑をせっせと耕して、四季折々の恋愛を楽しんで。

最初のデートや、初めて会った日に、♂1の男にしてもかまいませんが(バーで酔っていると愛の告白を受けることも)、他にもつきあっている人がいることを伝える、を済ませてから!

♂1の男は有力な本命候補です。見込みがありそうだったら、次のランクに昇格させるまで、なるべく長くキープし、体を許すタイミングを引き延ばすようにしてください。

1の男

1の男の記号です。これは御馴染みですね。グラフ内では、だいぶ存在感があります。

♂1の男をキープするには

♂1の男にセックスを迫られたらどうしたらいいのか、お教えします。

オーラを身につければいいのです。ハリウッド女優やモナコの王女とデートすることになったラッキーな男性は、相手のオーラに圧倒され、セックスどころか、キスするまでに四苦八苦することでしょう。ヤリたいのはやまやまですが、彼女からお許しが出るまで、自分から迫ってはいけないと遠慮してしまうのです。

4MPのステップを踏んでいけば、女性には自然とオーラが身につき、男性たちがひれ伏すようになります。彼らは二人の仲が熟してお許しが出るまで、むやみやたらに体を求めたりはしません。だって、あなたは特別な存在なのですから。

焦れている男性に、必要以上に同情することはありません。あなたのすべきことは一つだけ。艶然と微笑をたたえて、横目でちらりと相手を見て「わたしとつきあえてラッキーね」と言ってやればよいのです。

♂1の男をキープするときには、このことを忘れずに。くれぐれも、軽々にそれ以上の関係に進まないようにしましょう。

もうじゅうぶんに機が熟した、彼とセックスしたいわ、と心から思ったら、プランは次の段階に進みます。

セックスは一人とだけ ♂♂2¼の男

さて、ここからが本番です。**『前提条件その4 チャックの教訓』**によると、4MPを行なうときは、二人以上の男性と同時に寝ないことが重要です。セックスは一人とだけ、そう肝に銘じておきましょう（チャックについては第7章で述べます）。

セックスしたダーリン候補は♂♂2¼の男になります。二人の男と寝ると、2¼＋2¼で、合計4½になり、グラフからはみだしてしまいます。

これでは4MPは成り立たず、あなたはダーリンをつかまえる、というプランの目的も放棄したことになるのです。

このルールを作ったのは、わたし自身がプランを実行したときに、動物的本能による性欲に流されそうになったからです。

後で詳しくお話ししますが、わたしはセックスだけが取り得の男性たちに執着し、次々と♂♂2¼の男に昇格させてきました。

父親から得られなかった愛情を埋めるために、ほとんど1週間ごとに、♂1の男と♂♂2¼の男をとっかえひっかえ……。そうこうするうちに、自分の好きな男性のタイプが、「やさしくて」「誠実で」「協調性のある」男性とは程遠いことに、やっと気づいたのです。やさしくも誠実でもなく、協調性のカケラもない男、それは父そのものでした。

2¼の男の記号です。ちょっと過激でしょうか？
グラフでもあなたとの関係性がよくわかるようにしっかりと。

2¼の男

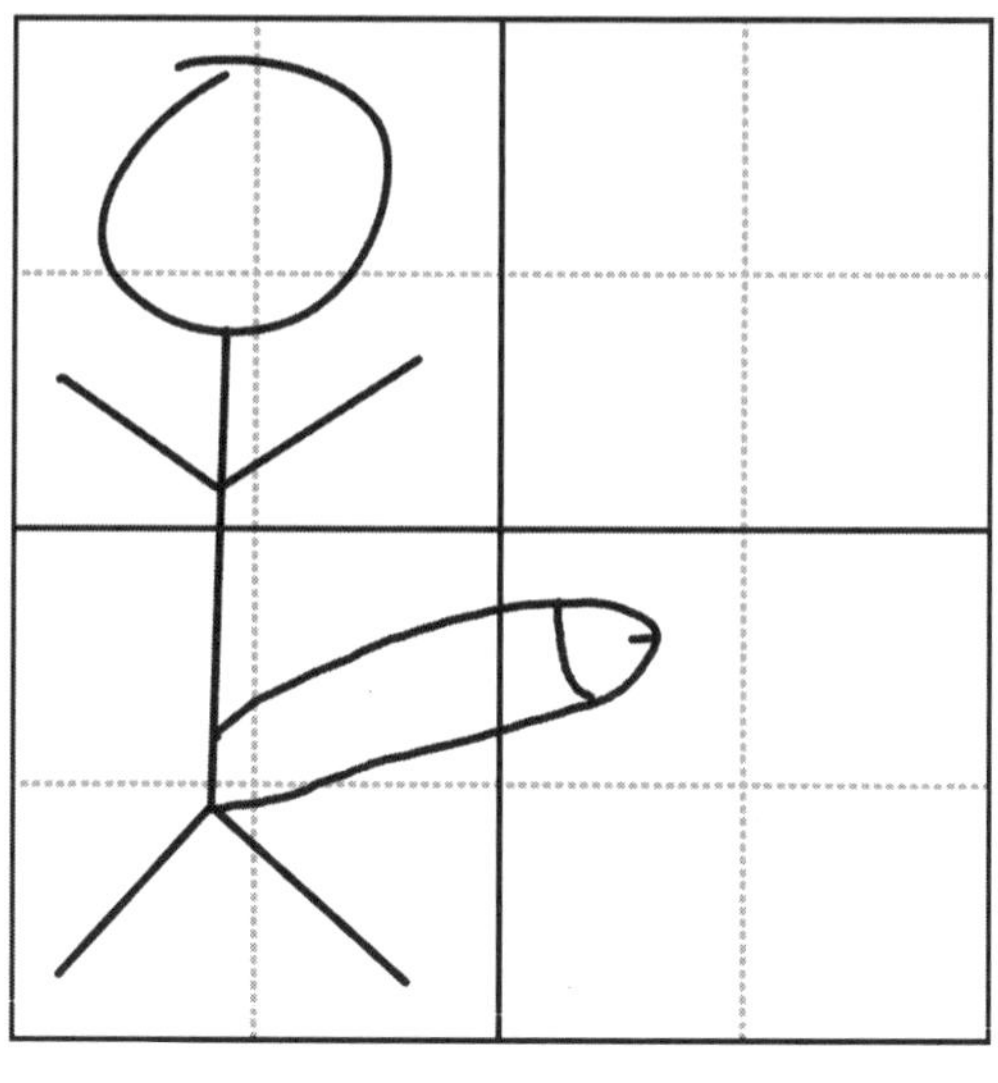

交際のものさし

これまで説明してきたダーリン候補のランク分けは、標準的な独身女性を対象にしていますが、ランク分けの基準は、その人の男性に対するこだわりによってちがってきます。「交際のものさし」を使って自分なりの♂2¼の男への昇格基準を決めましょう。基本的には、その男性に対する本気度がアップした時点で昇格させます。本気でない男性とセックスする女性はめったにいないからです。「交際のものさし」を使えば、肉体関係の深さにともなう気持ちの変化をを正確に測り、♂2¼の男への昇格基準を決めることができます。

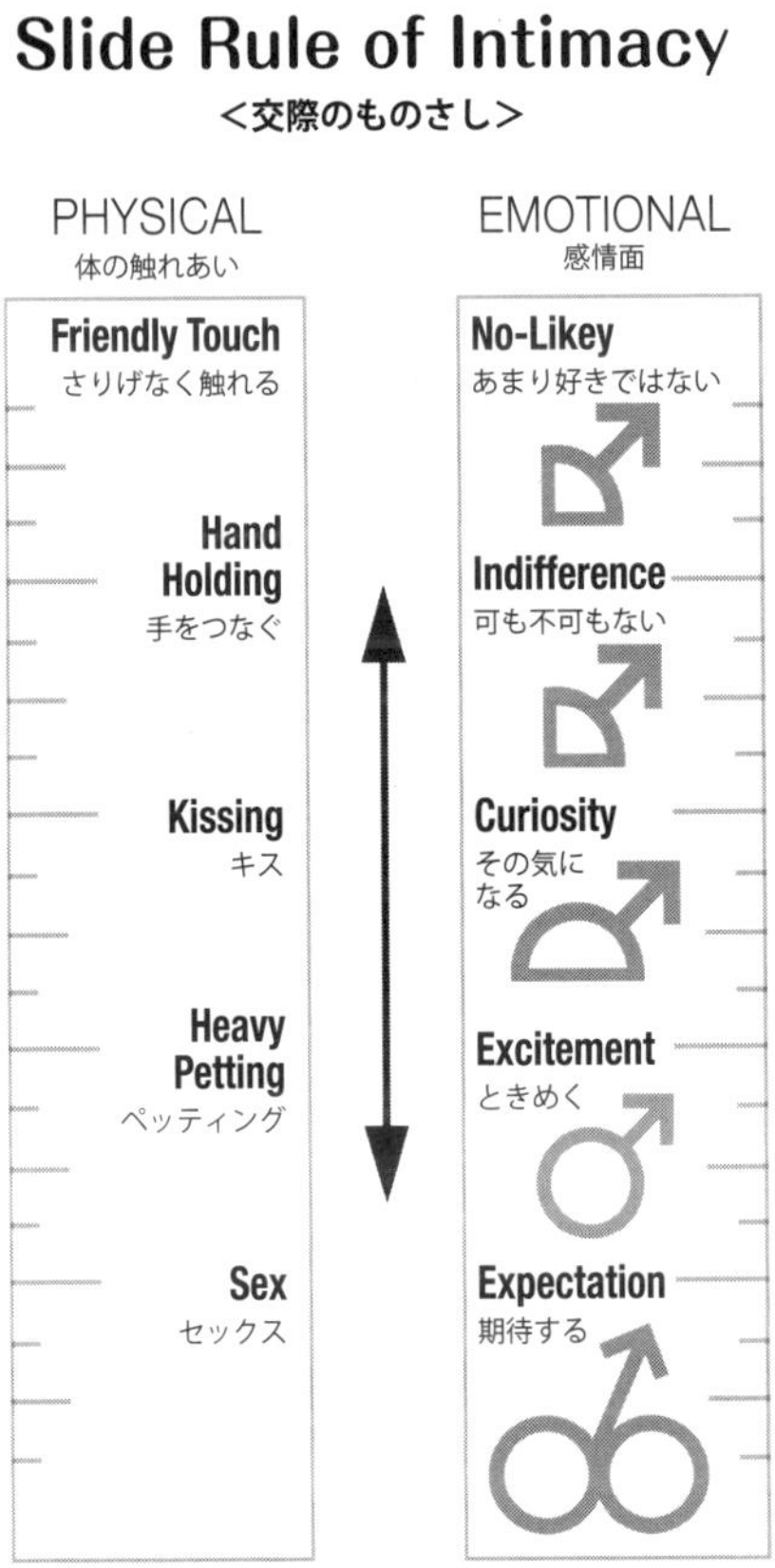

プランをはじめる前のわたしは、いつも気持ちより肉体関係が先行していました。そのため、セックスしたというだけで、本当に好きでもない男性に過剰な期待を抱き、つきまとうようになってしまったのです。バカげた話です。今ではものさしの目盛りに合わせて体を許せるようになりましたが……。

ものさしによってデートの進み具合が変わることもあります。プランを実行するときには、自分なりのものさしを書き出してみて。慎重に進めたい場合には、気持ちの目盛りを少し高めに設定しておくこと。

★備考1　元カレ

別れた元カレにはろくな男はいないもの——優柔不断、悪ガキ、ジャンキーなど、足手まといになるような男ばかり。でも4MPでは、元カレを大らかに受け止め、よりを戻してもOKです。

プランをはじめると、どういうわけか、あちらこちらの元カレから連絡がきます。また、生まれ変わった自分を、元カレに見せつけたくなることもあります。

そんなときは、元カレを番外編としてダーリン育成グラフに入れることができます。そうすれば、過去の過ちを見直し、生まれ変わった自分を実感できます。あるいは、恋愛下手で別れた二人が、元のサヤにおさまることもあります。元カレは有力な本命候補でもあるのです。

Q くっついたり離れたりという腐れ縁のカレとはどうすれば？

A 元カレをダーリン候補にするのは一度だけ。これは、絶対に忘れないで。元カレをダーリン育成グラフに入れたら、プランの原則を適用し、他のダーリン候補と平等に扱うこと。再び別れた場合には、二度とグラフに入れてはダメ。

★備考2　ネット恋愛

インターネットは強い味方。ネット上には恋人を探している男性が山ほどいます。一般のウェブサイトを通じて、ダーリン候補と知り合うこともできます。

Q　でも、ネット犯罪ってこわくない？

A　実社会と同じようにネット上にも性犯罪の危険が存在しますが、ネット上では、少なくともプロフィールに目を通し、冷静に相手を判断できます。また直接出会った場合のように、見た目のよさやあそこのサイズに目を奪われることもありません。ネットをつないで、サイトにログインしてみましょう。

インターネットの活用方法

・ダーリン候補専用のメールアドレスを取得しましょう。匿名で有利にプランを進めることができます。

・恋人募集のＰＲを掲載する場合には、思わせぶりな言葉を使わず、まじめな文章を心がけましょう。また、きちんと服を着た上半身の写真を載せること。性的なアピールは必要ありません。挑発的な服装や言葉は、体目当ての男たちの標的となります。

・こちらから恋人募集のＰＲにレスポンスする場合には、プロフィールにじっくり目を通し、男性の人柄をよく確かめましょう。直感を働かせて。言葉には性格が表われるはず。

・２週間ごとに自分のプロフィールを更新しましょう。プランの進み具合による成長が反映され、そのつど、ちがうタイプの男性がアクセスしてきます。写真も新しいものに変えましょう——顔つきも変わってきますから。

・直接会いましょう。チャットでの恋愛に深入りしないように、好感のもてる人がいたら、すぐにデートの約束をしましょう。また、ネット恋愛の相手が遠距離に住んでいる場合、友達や家族と同伴でないかぎり、彼のもとを訪れてはいけません。彼が会いたがるなら、あなたのところに来てもらいましょう。それでも３½の男になるまでは、お泊りはＮＧ。

Q 遠距離恋愛って難しそう……。

A 確かに。遠距離恋愛が成功する確率は低いので、遠距離のダーリン候補はワンランク格下げしましょう。たとえば♂½の男は♂¼の男として、♂1の男は♂½の男としてカウントします。

ダーリン育成グラフにリストアップできる遠距離恋愛の相手は一人だ

け。ただし直接会ったことのない男性には、ダーリン候補の資格はありません。口下手でも筆のうまい人はいます。真実の愛を探すには、バーチャルな恋愛にひたっちゃダメ。

★備考3　相性なんて水もの

女性はよくこんなふうに二の足を踏みますが……。

「彼ってやさしいけれど、結婚はあり得ないと思う。だって相性が悪いんだもの」

それは大まちがい。

たしかに相性は重要ですが、出会ってすぐにぴったり合わなくても大丈夫。いざというときに息が合えばいいのです。

むしろ寂しいシングルライフとサヨナラしたいなら、第一印象が素敵な男性は最悪の選択です。モノにすることはできず、いつまでも独りで過ごすことになります。

相性は、シチューのように弱火でじっくりと煮たほうがいいのです。早めに味見をすると水っぽくておいしくありませんが、きちんと煮込めば舌の上でとろけるような絶品に仕上がるはず。

★備考4　ダーリン育成グラフは満杯に

それぞれのタイプのダーリン候補を一人ずつ集めれば、グラフは完璧に埋まります！

お見合いサークルに参加して、16人の男性と連絡先を交換した場合は、こんなふうにグラフを埋めることができます。

バチェラレットに参加して、四人の男性とデートした場合は、こんな感じです。

七人の小人と暮らしている白雪姫のような状況なら、グラフにはかろうじて空きがあります。

王子様に出会う余地があるということです。ただし毒リンゴを食べないように気をつけて！

第6章
フォー・マン・プランの運用ルール

PRINCIPLE＝（名詞）

①意思決定に用いる基準。②あらかじめ決まっているポリシーまたは行動様式。

基本方針にしたがえば、
プランを着実に進めることができます。

「研究の三原則――複雑な考えの中から単純な答えが見つかる。不調和から調和が生まれる。チャンスは困難の中に転がっている」

――アインシュタイン

フォー・マン・プランを実行するのにあたり、次の六つの基本方針は、恋愛のモラルを保つためのものです。たとえば、こんな場合――

「このバカ男から二度目のデートを申し込まれたらどうしようかしら？」
「わたしたちの子どもの鼻はパパ似がいいな、なんて言ったら舞い上がりすぎかしら」
「不倫している上司の奥さんが別れ話に応じなかったらどうしよう」

恋愛の悩みはつきませんが、くよくよしている暇はありません。次の基本方針にしたがえば、思い悩む時間を省略することができます。ダーリン候補に逃げられたときにも役立つはず。

基本方針１　イエスの法則――どんな誘いにもイエスと答えること。

４ＭＰの課題は、ダーリン育成グラフを満員にすること。パーティや美術館はもちろん、競輪などの変わったイベントに誘われても、イエスと答えましょう。また友だちや親戚が知り合いを紹介してくれる場合や、タイプではない男性から誘われた場合も、とにかくイエス。なぜなら……、

①自分のタイプばかりでなく、いろいろな男性の中からダーリン候補を選ぶことができるから。
②お気に入りのダーリン候補を逃がすまいと執着したり、結婚を焦ったりしなくなるから。
③自分を取り繕わずに、自然体でいられるから。
④4MPはナンバーズのようなもので、たくさんチケットを買うほど、勝つチャンスが増えるから。

ただし、『女の味方につく場合』と『不吉な予感がする場合』は、イエスの法則の例外。

基本方針2　女の味方——つねに同性の立場で考えること。

世の中には二つのタイプの女性がいます。女の味方と男の味方です。

たとえば、初対面の素敵な男性（仮名・ディック）から「一杯いかがですか？」と誘われた場合。こちらに気があるようですが、よく見ると結婚指輪をしています。

女の味方は「けっこうです」と断ります。

男の味方は「ぜひ」と誘いに乗ります。

ディックはあなたに取り入ろうとして、こう切り出します。「最近、妻とはうまくいってなくて……」

女の味方は「それがどうかしたの？」と首をかしげて、彼の誘いをかわします。

男の味方は「それは大変ね」と相手の腕に触れ、同情します。

ディックは「夜の生活も冷めきっていて」とこぼします。

男の味方は「ひどい人ね」と調子を合わせます。

女の味方は「よく話し合ったほうがいいわ。花束を渡して食器の片づけを手伝えば、セックスしてくれるはずよ」とアドバイスします。


つねに女性の肩をもち、親友の旦那にナンパされたかのようにふるまいましょう。奥さんにも非があったり、離婚調停中だったりする場合もありますが、彼が既婚者である

The Chick's Chick Angle

＜女の味方＞

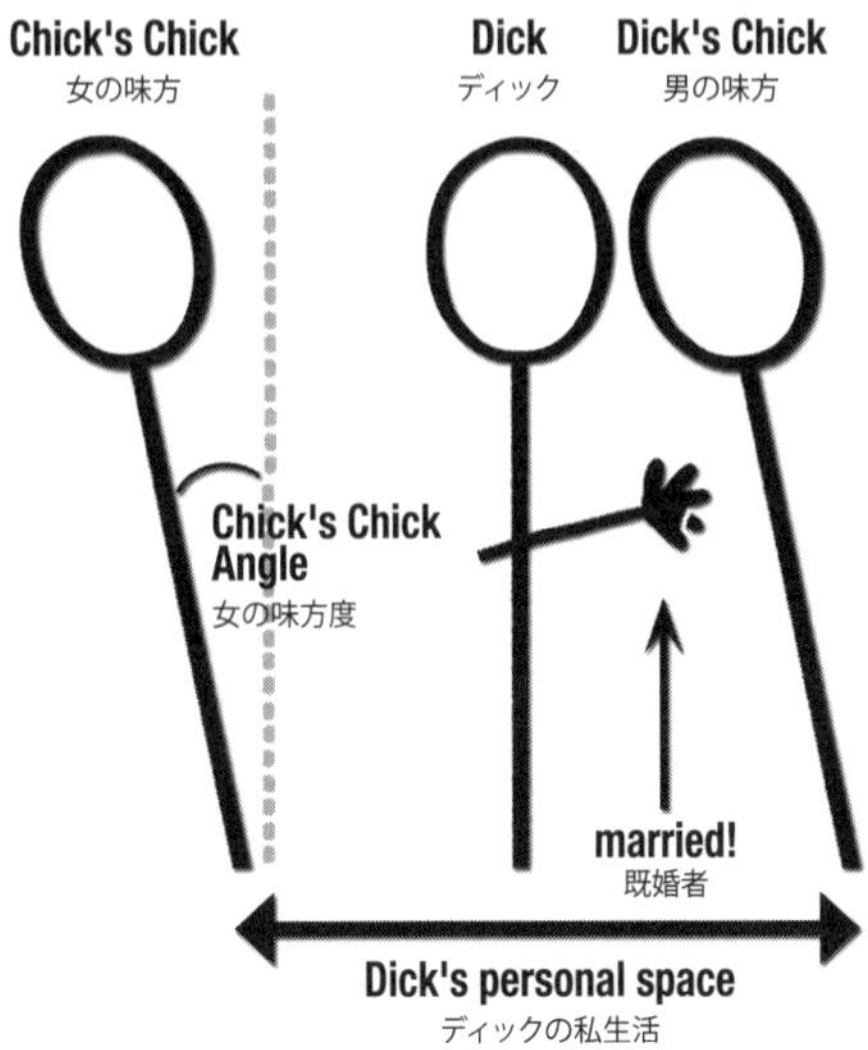

ことには変わりありません。いずれにしても友だちやセラピストではなく、初対面の女性に相談をもちかけるなんて、ろくな男ではありません。ですから奥さんの味方になり、家に帰るようにさせましょう。くだらない不倫に首をつっこまず、女性の味方をしたほうが安全です。

基本方針3　デートは最低二回――お試し期間設定のすすめ。

相手をよく知るには、お試し期間と実用期間が必要です。好き嫌いにかかわらず、それぞれのダーリン候補と最低でも二回デートしましょう。なぜなら……、

①データ収集に役立ちます。人は第一印象で相手を判断しがちですが、**『前提条件その5』**で学んだように、**恋愛には失敗がつきもの。**

②誠実で思いやりがあり協調性のある男性は、第一印象が冴えないことがあります。いい男を気取らないせいかも。

③既婚女性の半数が、夫の第一印象はイマイチで、最初のデートは最悪だったと告白しています。けれど、ためしにもう一度デートのチャンスを与えてみたら――そのダメ男と恋に落ち、結婚することになったとか。

④最初のデートでは、人は緊張のあまりおかしな行動をしがちです。またネコをかぶることもあります。二度デートして、ダーリン候補の真の姿を見抜いて。

Two-Date-Minimum Flow Chart
<デートは最低２回　フローチャート>

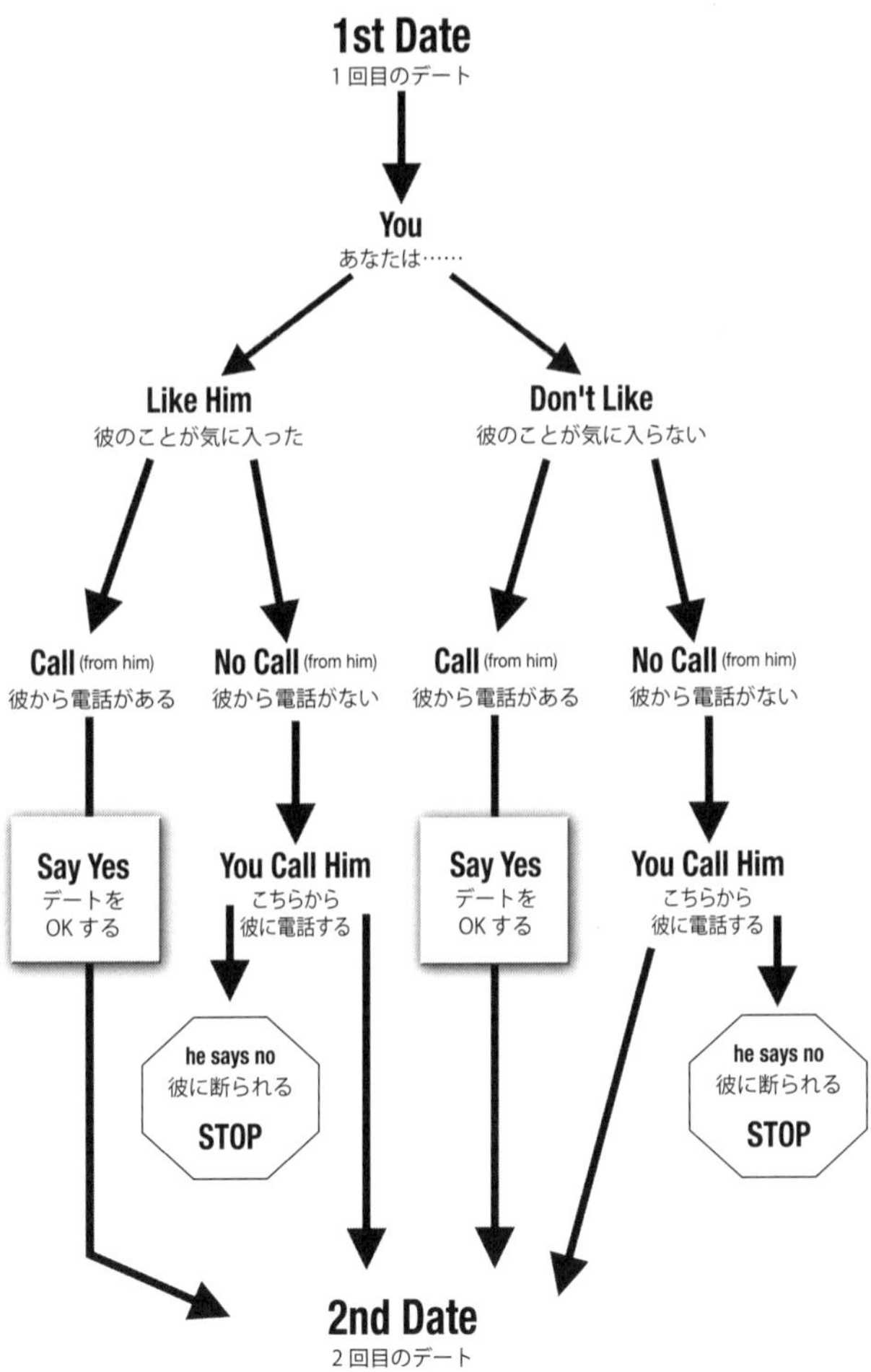

最初のデートから1週間たっても相手から連絡がない場合は、こちらから電話して、二度目のデートに誘ってみて。相手から断られた場合のみ、この基本方針を無視してもかまいません。彼をダーリン育成グラフから外して、代わりのダーリン候補を探しましょう。

基本方針4　将来の話題はNG——男性が引きます。

将来に関する話題は避けましょう。

男性に積極的にアプローチするのはOKですが、次のような発言は禁物。

「この先、どうするつもり?」

「わたしたち、うまくいくかしら?」

「結婚、子ども、住宅ローン、教育費のこと、ちゃんと考えてる?」

つきあって間もないのに、この手の話題を持ち出されると、男性は引いてしまいます。彼との未来についての夢や、将来に対する不安は、女友だちに相談したり、日記に書いたりしたほうが無難。

わたしの敬愛するアインシュタインも、次のページのように先走りがちなあなたに対して警告を発していますよ。

「Aが成功だとすると、
その公式はA＝X＋Y＋Zとなる。
Xは仕事、Yは遊び、
Zは口にチャックすること」

——アインシュタイン

右の言葉を、シンディ風に言えば、こうです。

二人の将来について触れないほうが、ラブラブになれる。

この方針にしたがえば、ダーリン候補は自分で将来設計を考え、向こうから相談してくるようになります。その時はせいいっぱいの愛情で応えてあげて。

将来の話題には口をつぐみ、相手から切り出させるようにしましょう。

基本方針5　ふりこの法則――上手く行き過ぎるときはちょっとブレーキ。

好調のあとには不調が起きます。エクササイズのあとについパフェを食べてしまったり、いい仕事を仕上げた後にミスを連発したりするようなもの。

ふりこの法則＝プランの条件にむりやりしたがっていると反動が起きる。

たとえば、おいしそうな男と二度目のデートを楽しんだにもかかわらず、一夜のお楽しみを我慢したせいで、元カレと酔った勢いでセックスしてしまうとか。

でも勢いにまかせて突っ走ると、ろくなことはありません。ヤクザな男に引っかかったり、ルームメイトの彼氏とセックスしてしまったり……。だからといって、自分の犯した過ちを責めすぎてはいけません。最初のデートで結婚情報誌を見せたり、二度目のデートをすっぽかしたりしても、プランの調子がよければ笑い飛ばして。

不調におちいったら、初心に立ち返ればいいのです。少しくらいつまずいたからって、あきらめることはない！　禁煙中についタバコを1本吸っても、ヘビースモーカーに逆戻りすることはないでしょう？　本来の目的を見失わずに、プランを再開しましょう。謙虚さと寛大さのバランスを保てば、素敵な彼氏が見つかるはず。

Q　大暴走しちゃったら、どうしたらいいの？

A　4MPは自分をセーブするためのものです。警察に取り締まりを受けるわけではないので、少しくらいスピード違反しても大丈夫。4MPを自然に受け入れられるようになればなるほど、反動は少なくなります。失敗を反省しながら、自然と暴走しなくなるのです。

Lu's Pendulum
<ふりこの法則>

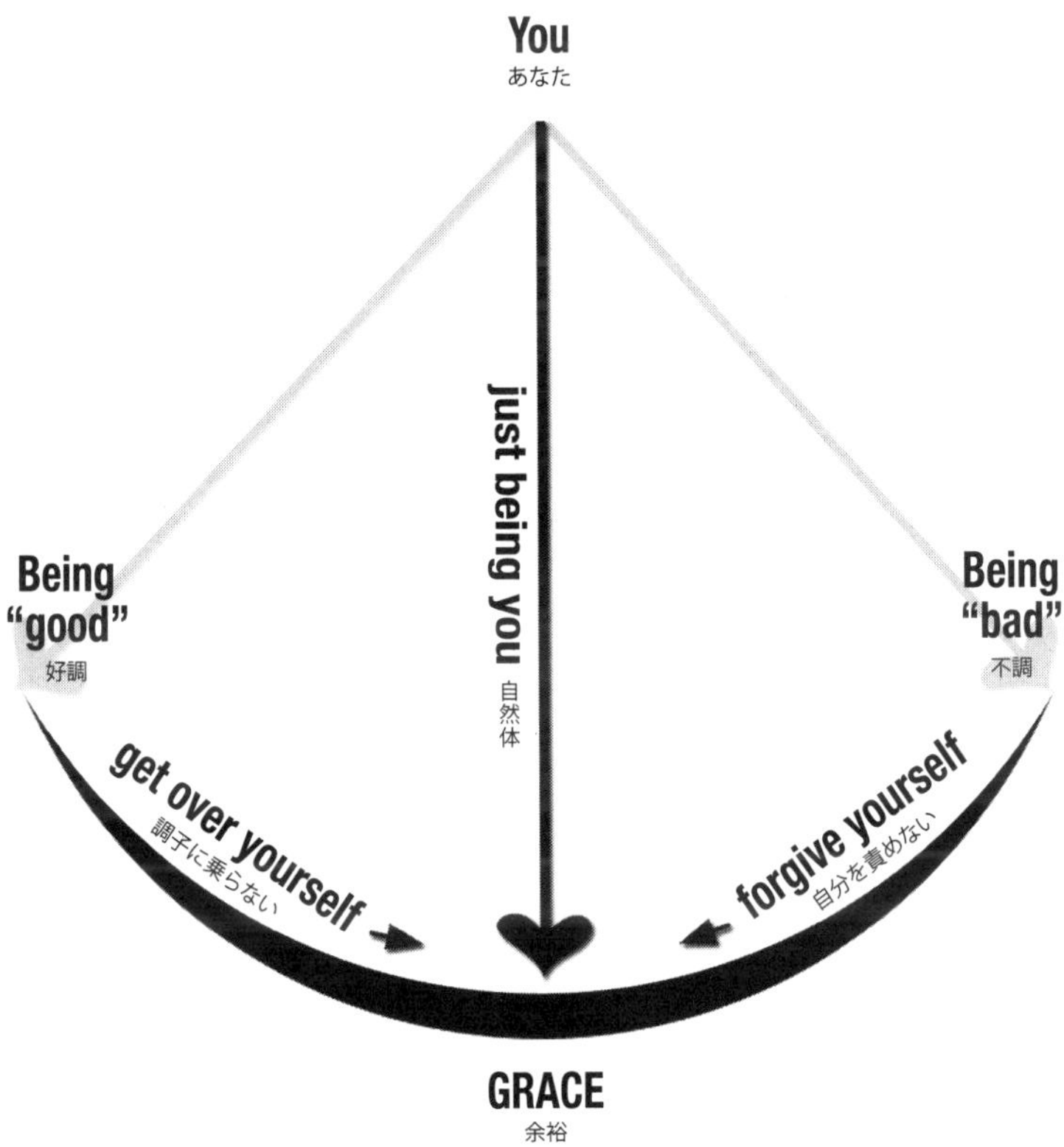

基本方針6　はしごの外し方――自分から別れを切り出さない。

話していても何のときめきも感じない、相手にその気がなさそう、つきあっても先が見えない、というのは4MPを実行中のあなたにとっては、別れを告げる正当な理由にはなりません。せっかくグラフに書き込んだダーリン候補と別れるのは、次の①～⑤の理由にあてはまる場合に限ってください。

①不吉な予感がする場合

勘を働かせましょう。恋愛のことになると勘がにぶる恋愛下手な人は、次のガイドラインを参考にしてみて。当てはまるようなら、即座にグラフから抹消してしまってかまいません。不吉な予感とは次のようなことです。

- バカにされたとき
- 乱暴に扱われたとき
- 相手が、誠実でやさしく協調性のある男性とはまったく逆のタイプのとき
- ジェネレーションギャップを感じたとき
- 身の危険を感じたとき

Q ほかにも彼のこんなことが気になって……。

A 髪の毛が薄い、だぼだぼのズボンをはいている、ワインに詳しくないなど。細かい欠点をいちいち気にしないこと。不吉な欠点とはいえません。

②相手に逃げられた場合

相手に逃げられるのはつらいものですが、４ＭＰを実行していれば、その痛みは驚くほど軽くすみます。ビュッフェで料理を取り損なっても、焼きたてのステーキを食べ損ねるのに比べればどうってことはないように、逃がしたダーリン候補に執着しなくなるのです。去る者は追うべからず。未練がましいメールを送ったり、留守電を残したりしないこと。

逃げたダーリン候補が、プランに舞い戻ってくることもあります。よりを戻したいと言われた場合、グラフに空きがあるようだったら、受け入れてもかまいませんが、場合によっては格下げしましょう。

③グラフからはみ出してしまった場合

ダーリン育成グラフが満員になったら、新たなダーリン候補を受け入れるために、古株を追い出してもかまいません。追放した男性は、グラフのスペースが空いたときに呼び戻すこともできます。

④♂♂2¼の男性を入れ替える場合

たとえば、あなたのお気に入りの♂1の男のA君とデートし、彼と寝たとしましょう。でも次の日の夜B君と出会い、彼とも寝てしまいました。その場合、A君をダーリン育成グラフから追放し、二度と戻してはいけません。

つまり、こういうこと。同時に一人のダーリン候補としか寝てはいけないばかりでなく、新たな男性を♂♂2¼の男に昇格させる場合には、前任者をグラフから永久追放しなくてはならないのです。

なぜなら、♂♂2¼の男をとっかえひっかえできるようにすると、男性と行き当たりばったりで寝るようになり、安っぽいメロドラマのように泥沼にはまってしまうから。セックスにしか関心のない女の子だと思われ、遊び人の男たちのえじきとなり、恋愛下手に逆戻りです。4

ＭＰをはじめたのは、何のため？　誘惑に負けないために38ページ『**練習問題3**』のおまじないをもう一度となえてみて。そして４ＭＰを続けましょう。

Q　３Ｐに興味があるわ。

A　あなたが現在独身で、そのような行為に好奇心があるなら、試してみたらいいでしょう。ずっと妄想を抱えたまま時間を重ね、５年後に体験して「３Ｐなんて二度とごめんだわ！」と頭をかかえるよりはまし。ただし他の二人（男―男、男―女）とは、灯りがついた瞬間に〝おさらば〟です。どちらともつきあう気にはならないのはもちろんのこと、一緒に朝食を食べる気も失せるはず。

⑤ダーリン候補としての資格がない場合

たとえば、本命の彼女がいる、ゲイ、聖職者、中学生など。ダメなものはダメ。どんなにおいしそうでも手を出してはいけません。

Breakup Ladder
<はしごをはずす場合>

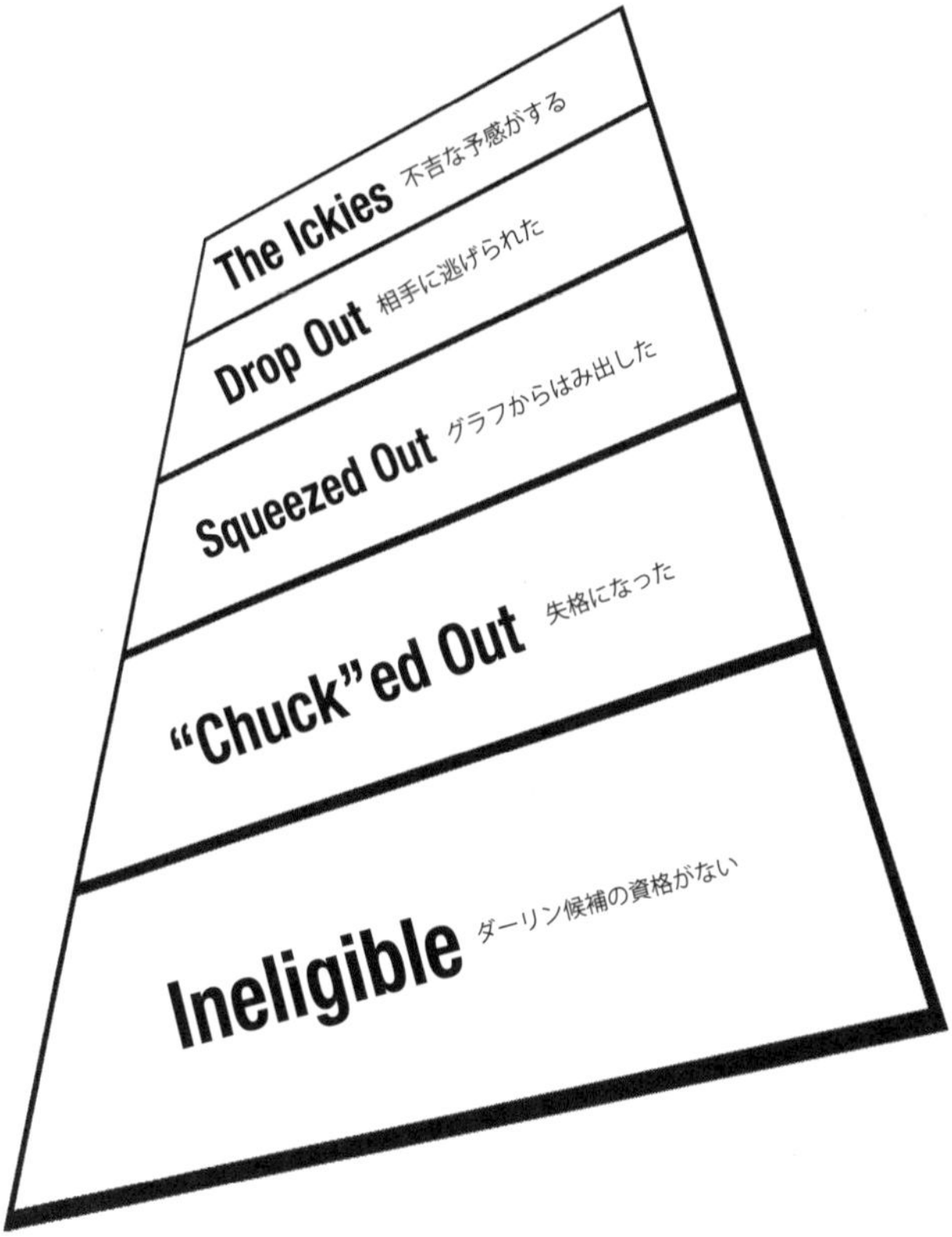

★備考　彼をお払い箱にすべきか、格下げすべきか？

次のような場合は、ダーリン候補をグラフから追放するのではなく、格下げすることもできます。

①♂1の男と一定期間遠距離恋愛になる場合。
　♂½の男に格下げ（永久に戻ってくる見込みがない場合は♂¼の男に格下げ）。

②ダーリン候補が他の女と、出来心で浮気した場合。
　お払い箱にするか、格下げするか、お咎めなしかはあなた次第。相手にどこまで忠誠を求めるかによるでしょう。

③大好きなA君とセックスして、♂2¼の男にしたのですが、彼は忙しくてデートする暇がありません。そうこうするうちにB君が現われました。とてもやさしくて、何を差しおいても、あなたのために時間を割いてくれます。結婚相手にはよさそうですが、寝たいタイプではありません。二股をかけていることがバレたらB君は気を悪くするに決まっています。でもA

君がとても素敵なので、B君のために永久追放することができません。どうしたらいいの？

A君を♂1の男に格下げし、B君を⚣2¼の男に昇格させるまで様子を見てもOK。ただしB君を昇格させたら、A君は失格。

④気楽な気持ちで⚣2¼の男にしていたC君に本気になってしまい、彼にはほかにも彼女がいることが、急に気になりだしました。どうしたらいいの？

C君とデートを続けてもかまいませんが、寝ないこと。事情を説明し、彼を♂1の男に格下げしましょう。あなたが特別な存在だということを思い知らせて。セックスというオプションなしでは会いたがらないようなら、あなたは彼にとってその程度の女だったということです。

第7章
シンディのバックストーリー

4MPにたどりつくまでの裏話

「愚行＝同じことを何度も繰り返し、
ちがう結果が出ると期待すること」
――アインシュタイン

これからお話しすることは、わたし、シンディ・ルウの過去です。辛い思い出もたくさんつまっていますが、４ＭＰを理解していただくため、あなたに明かします。

シンデレラ・コンプレックス――――

あるセラピストの話によると、女の子がパパのお嫁さんになりたいと言いだすのは5歳ごろだそうです。どうりで……。

両親が離婚したのは、わたしが5歳のとき。その後25年間、わたしはタチの悪い男ばかりに執着し、さんざんな目にあいました。三つのトラウマ――シンデレラのおとぎ話、グチっぽい母への反発、父への恋心――に取りつかれていたから。

両親が離婚する直前の出来事です。小学校で月間優秀生徒に選ばれたわたしは、両親が表彰式にそろって出席すると聞き、これを機に仲直りしてくれるかもしれないと期待しました。でもその晴れ舞台はまさに〝台なし〟になってしまいました。先生が私の中国名の「アン・パーイ」を「アン・パイ」とまちがえて発音したせいで、男の子たちが「パイ顔のアン」といっせいにはやしたて、会場中が笑いの渦となってしまったから。校長先生までにやにやしていたのが、今でも忘れられません。

その翌日のこと、父は学校所定の申請書を持ち帰ってきて、わたしにアメリカンネームを決めるよう言ったのです。わたしが父を大好きになった理由、おわかりでしょう？　わたしは嬉しさで胸がいっぱいになりながら「シンデレラがいい！　だって世界で一番美しい女の子だもの」と訴えました。なにせ5歳でしたから……。

父はシンデレラをシンディと略しました。親心だと思いたいところですが、たぶんシンデレラ（Cinderella）のスペルが分からず自己流に略したのでしょう。ともかく、シンデレラのように幸せになりたいというのが、わたしの子どものころからの夢でした。

子どものわたしにとって父は、運動神経がよくてカッコいいパパでした。まさかギャンブル好きで息子を欲しがっていたとは知りませんでしたが、わたしの中のパパ大好き度が急上昇したアメリカンネームの一件からほどなく、父はひとまわり以上も年下の中華航空のキャビンアテンダントと不倫して、家族を捨てたのです。

慣れない異国に取り残され、二人の娘を養わなくてはならなくなった母は、片言の英語で父を罵りました。「ウソつき、裏切り者、くそったれ！」と。毎日のように、父ばかりでなくこの世の男全員を呪っていました。でも、わたしは父が恋しくて、母ではなく父と暮らしたいと願っていました。

こうして、わたしは無意識のうちに、母は男づきあいが下手なのだ、母の二の舞は踏むまいと思うようになったのです。

パパ奪回プロジェクト――――――

幼少期、そして思春期における父の不在は、ファーザー・コンプレックスを不健康に肥え太らせます。父へのかなわぬ思慕は、やがてお約束通りに形を変えました。つまり、周囲の男性たちの中で、父の代わりを果たしてくれる人を見つけだすことに、わたしはそれこそ夢中になったのです。

名づけて、『**パパ奪回プロジェクト**』。つまり、

ステップ1　父のような男を見つける(すなわち、ウソつき、裏切り者、遊び人、浮気人)。
ステップ2　その男と恋に落ちる。
ステップ3　彼を誠実でやさしい男に更生させ、一生わたしのものにする。

父恋しさのあまり、こんな、仕方のないプロジェクトに取りつかれた私は、とても悲惨な恋愛を繰り返すことになっていくのです。

ジョニーしかり、アンソニーしかり、ステファンしかり、エディしかり。みんな父のような女泣かせの男たちでした。そして、チャック！　彼はやっと出会えた、父とは正反対のタイプでした。それなのに、わたしときたら……。

さんざんな恋愛遍歴

わたしは子どものころから「男好き」の典型だったのかも。小学一年生で担任の先生を好きになり、三年生のころには男の子たちを追いかけまわしてキスしようとしていました。そして年ごろになると、男あさりはさらにエスカレートしていきました。

18歳のとき、はじめてつきあったジョニーは二枚目のサーファー。故郷のデトロイトに高校時代からつきあっている本命の彼女がいました。わたしは彼によって初めてオーガズムを経験し、すぐに絶頂を迎えてしまいました。「サーファー流のスピードボール」だと彼は自慢げでした。わたしは彼に夢中になりましたが、彼にとっては海が「西海岸の恋人」で、わたしはその次でした。しょせんわたしは三番目の女だったのです。

次につきあったアンソニーは、ひとまわり年上の古典劇の役者。彼はわたしを指導しながら、演技力を高めるには「理解しあうこと」が大切なのだと口説きました。そうやって弟子の女優に片っぱしから手をつけていたのです。そんな男と1LDKに同棲する公認の仲にまで発展したなんて、今にして思えば最悪。この間、見かけたときも、(シェイクスピアの『真夏の夜の夢』に登場する妖精王の)オベロンさながら、タイタニア役の女優と取り巻きの妖精たちを車に乗せてドライブしていました。

ステファンは奇妙な英国訛りの氷の彫刻家でしたが、本当に冷たい人でした。彼はよく冷凍室の中で、削っている氷の塊の上にわたしを座らせました。そしてタバコを口にくわえ、タンクトップいっちょうで、のこぎりとのみを器用に使いながら、酔った目をとろんとさせて、わたしのことを女神だと言いました。たしかに、わたしの周りには氷の削りかすがキラキラと舞っていましたが……。そもそも身勝手な人でしたが、夢遊病の気もあり、ある日、地元の居酒屋に放火して行方をくらましてしまいました。本当に奇妙な人でした。

エディ――――

エディとは遠距離恋愛で、16歳も年上でした。金持ちでしたが、ポルノビデオの続きに愛の告白を録画して送ってくるような変態でした。おたがいに浮気はしないという約束でしばらくつきあっていましたが、ある日ベッドの下から空のコンドームの袋が見つかりました。すると彼はマスターベーションするときに飛び散らないように使ったのだと言い訳しました。そして彼の親友も同じようにしていると言ったのです。

その親友ときたら、エディが新しい髪形を自慢げに見せびらかしながら朝帰りしてきたときも、彼の苦しまぎれの言い訳の肩を持ちました。でも、エディは近所の女性と美容師のギルダ、同時に二人と浮気していたのです。彼はわたしを丸め込もうとし、浮気を認めようとしませんでした。わたしは彼に愛想を尽かし、カローラを飛ばして泣く泣く帰宅しました。

当時、わたしは彼らが王子様だと信じていました。彼らはみな『**パパ奪回プロジェクト**』の『ステップ1』を満たしていたからです。そして中には『ステップ2』に進み、彼らなりにわたしを愛してくれた人もいました。でも『ステップ3』は叶えられませんでした。彼らは決して更生せず、わたしのものにはなりませんでした。逆に、わたしが変わっていきました……嫉妬深く、自暴自棄な、しつこいストーカーへと。死んでも認めたくなかったけれど、母の男性観は正しかったのです。

感動の再会――

お恥ずかしい話ですが、わたしは大学生になっても、父が迎えにきてくれることを夢見るファザコン少女でした。その夢が叶わないかぎり、他の男性を追いかけまわさずにはいられなかったのです。

両親が離婚して数年、父はほとんど音信不通でした。中学生のころ、祖母のお葬式で会ったときに、一緒に暮らしたいとお願いしたのですが、父は何も言わず、目を合わせようともせず、再び姿を消しました。そのときの何とも言いようのないショックから抜け出せずにいたのです。

でも、わたしが24歳のとき、どういう風の吹きまわしか、父から会いたいという電話がありました。空港へと迎えの車を走らせながら、わたしは自分自身をひたすら勇気づけていました。「大丈夫。今回はお父さんのほうから連絡してきたんだもの。すっぽかしたりしないわ」と。

わたしは父の顔を覚えていなかったので、想像をふくらませました。「お父さんは老けたはず。白髪で、腰も曲がっているかもしれないわ。よぼよぼのおじいさんになっていても、ショックを顔に出さないようにしなくちゃ」。とそのとき、心臓がドキンとときめいたのです。

立派な男性がゲートから姿を現わしました。サングラスをかけ、レザーのジャケットをはおり、堂々とした態度で。「なんて素敵な人！」と、わたしは一瞬ボウッとなりました。映画のワンシーンのように、人ごみの中で彼を見失うまいと目で追いました。そして、やっとその人が父だと確信したとき、体に電流が走り、心の奥底に抱いていた父へ恋心が一気に爆発しました。そしてこれを機にファザコンを卒業し、父の代わりとなる存在を追い求めなくなったのです。ついに長年の呪縛から解き放たれた瞬間でした。

チャック——————

わたしが、父親のようなタイプではない男性とつきあったのは、チャックが初めてでした。

共通の知人の紹介で知り合ったのですが、天使のようにぽっちゃりとした男性でした。やさしくて純粋な人で、わたしをとても大切にしてくれました。――車のフロントガラスにラブレターを残していったり、寒くないように自分のセーターをかけてくれたり、歩道の内側を譲ってくれたり。それまでの彼氏たちとは大ちがい。

チャックはキスが上手でしたが、わたしはそれ以上の関係に進もうとしませんでした。だって……、彼ったら手足がとっても小さかったので、もしペニスまで小さかったら、そのせいで彼のことを嫌いになってしまうんじゃないかと心配だったんですもの。

だからしばらく様子を見ることにしたのです。でも、チャックはあくまでも紳士的で、怒ったり襲ってきたりはしませんでした。わたしがフラれても仕方がないような酷な態度を取っていたにもかかわらず、その後1カ月、ラブラブな日々が続きました。長々と胸を愛撫されている途中に駐車場が閉まってしまい、車で一夜を明かしたこともありました。

それでも、わたしはチャックのペニスには手を触れず、目をそらし続けました。どんな大きさか知りたくなかったからです。そんなある日、チャックがわたしの誕生日に、登山を計画したのです。しかも、友だちの愛犬のジャーマンシェパードのアンガスを連れて。わたしは犬と登山が大好きなのですが、わたしがそう言ったことを彼は覚えていてくれたのです。彼なりに考え抜いたすえの最高の誕生日プレゼントでした。

チャックの選んだ登山コースはとても素敵でした。入口には透きとおるような青い湖があり、二人で水遊びをしました。そのうえ、彼はいくつものプレゼントを背中のリュックに積んできていて、登山の途中に次から次へと取り出して楽しませてくれました。

頂上のキャンプ場に行くには、丸太の上を渡って急な川を越えなくてはなりませんでした。でもアンガスはいくら呼んでも、丸太を渡ろうとしません。すると、どちらかと言えば小柄なチャックが、冷たい急流に腰までつかり、丸太で体を支えながら、小さな手で力いっぱい大きな犬を引っ張ったのです。

チャックは嫌がるアンガスを無事に対岸に連れてきました。アンガスは恩知らずにも森へ駆け込んで行きました。チャックはずぶ濡れでしたが、靴を水でゴボゴボ鳴らしながらわたしのほうへやってきて、微笑を浮かべてキスをしました。そして「シンデレラの君のための計画を、誰にも邪魔させないよ」と言ったのです。

まさに男の中の男！　たとえペニスがエンピツサイズだとしても、ふいに彼に抱かれたいと思ったのです。

その夜、小さな青いテントの中で、わたしたちは初めて結ばれました。そしてわたしは、とても小さな手足をした男性でも、エンピツかペットボトルかはわからないものだと思い知ったのです。つまり、彼のものはペットボトルほどではないにせよ、缶ジュースくらいの長さで……少し左曲がりで……、要するに立派だったのです。心配することはありませんでした。

家に向う車の中、わたしはチャックの膝枕で、やさしく顔をなでてもらっていました。すると彼はやさしい微笑を浮かべて、ふいに「今さらだけど、結婚を前提につきあってくれないか」と言ったのです。

裏切り――――――

え～、どうしよう？　たしかに彼といると心が安らぎましたが、わたしは考え込みました。彼を本当に愛しているのかどうか自信がなかったのです。それまで経験してきた燃えるような恋愛とはまったくちがう気持ちでしたが、彼があまりにも〝いい人〟だったので、結局、思い切ってOKしました。

でも、それまでの〝幸せ指数〟が低かったわたしは、彼のやさしさを素直に受けいれることができませんでした。実際、彼に大切にされればされるほど、吐き気がこみあげてくるのでした。

1週間後、そんなわたしに救世主が現われました。元カレのエディから電話があったのです。彼は心から後悔していました。「おれはウソつきで卑怯者の、どうしようもない男だった。でもおまえを愛している。ずっと一緒にいられるように、生まれ変わるよ」

わたしの中で眠れる獅子が目を覚ましました。あの浮気男が、よりを戻したいなんて！　ようやく『ステップ3』が成就する日が来たのです。**『パパ奪回プロジェクト』**を完了させるための唯一の障害はチャックでした。

わたしはあわててチャックの家に行きました。そして「エディがよりを戻したいと言ってきたの。生まれ変わるって」と口走ってしまったのです。

チャックはすべてを察した様子で言いました。

「そういえばきみには未解決のプロジェクトがあったんだね。じゃあ、こうしないか。彼に会って、それを完了させてきてもかまわない。ぼくはきみの気が済むまで待っているよ。ただし、彼とは寝ないでくれ」

「ああ、チャック。あなたって本当にやさしいのね。でも、待ってこないわ」

わたしは彼の提案を受けいれることができませんでした。そう言って、チャックをふってしまったのです

エディは飛行機嫌いにもかかわらず、わたしのもとへ飛んできました。そして、わたしたちはセックスに酔いしれました。でも、エディは2週間で家に帰り、ギルダとよりを戻してしまったのです。結局、彼は更生せず、わたしのものにはなりませんでした。プロジェクトはまたもや失敗！

でも、わたしはすぐに立ち直りました。やさしいチャックが待っていてくれることを思い出したからです。そして、しおらしい態度で彼のもとを訪れ、「わたしがまちがっていたわ。もう一度やり直したいの……」と言いました。

チャックは顔を輝かせて両手を広げ、大喜びしました。

「よかった！　きみが彼と寝てしまうんじゃないかって心配していたんだ」

わたしはギクッとしました。チャックの胸に飛び込み、キスの嵐を浴び、ごほうびのセックスを大サービスすればよかったのでしょうが、彼があまりにも純粋すぎてウソをつくことができませんでした。でも、彼ならきっと許してくれる、と心のどこかで甘い期待をしたのも事実です。

「あら、彼と寝たわよ」と、わたしはさらりと打ち明け、すぐにこう続けました。

「でも、やっぱりあなたが一番！」

彼は深いため息をつきました。ひとすじの涙が、ふっくらとした頬をつたいました。

「シンディ、愛しているよ、心から。でも、ぼくは軽薄な女性はダメなんだ。ぼくたちの関係は純粋だったけれど、きみがエディとセックスしたせいで、汚れてしまった。もうきみとは一緒にいられない。残念だよ」

彼はそう言うと、わたしを玄関まで見送りました。

わたしはなんとかしてチャックをもう一度振りむかせようと、アンガスを誘拐したり、彼のお気に入りのセーターを人質にとったりしましたが、彼は二度と戻ってきませんでした。

チャックの言い分はもっともでしたが、男グセの悪さを断ち切ろうとするときにかぎって、試練がやってくるのです。

ロミオ――――

ココナツオイルの香りがするロミオの定番スタイルは、上半身裸、パンツ一丁にサンダル。つるつるに脱毛した、筋肉隆々の肉体を見せびらかすために、わざと服を着なかったのです。

初めて彼と出会ったとき、わたしは言葉を交わす前に、熟したイチゴを彼の口元へもっていきました。すると彼はわたしの指先の葉っぱすれすれのところまで食いついたのです。わたしたちはすっかり意気投合し、出会ったその日に、一夜かぎりのお楽しみにふけりました。翌朝、彼は特定の相手とつきあうつもりはなく、アルコール依存症だと打ち明けました。完璧！ ロミオは例のプロジェクトの標的となったのです。

彼は巧みなセックスでわたしを虜にし、わたしと近所の女性に大っぴらに二股をかけ、バーのウェイストレスたちにも手を出し、あげくの果てにはシンディというわたしと同じ名前の女性とも浮気しました。おかげでセックスの最中に名前を呼ばれても、他の女のことを考えているのではないかと気が気ではありませんでした。

ロミオはいつも行方がわからず、わたしとの約束をすっぽかし、酔うとわたしのことなどすっかり忘れてしまう人でした。わたしはロミオに「不良更生ビーム」を発射し、「永遠にわたしのものにするカギ爪」を立てようとしましたが、彼は強敵でした。けっして降参せず、更生せず、私のものにはなりませんでした。

ある日、情事の最中、わたしが恍惚のあえぎ声をあげ、まだイカないでと求めていると、ロミオはわたしにこう打ち明けました。

「ルウ（もうひとりのシンディと区別するために、そう呼ぶようになりました）、おまえの要求には応えられない。おまえはひとりの男には重すぎる」

「あら、そう。じゃあ何人なら大丈夫なの？」とわたしは聞き返しました。

するとしばらく胸算用し、「四人」と答えました。

「なるほどね」

その時、わたしは彼の言葉の真意を理解していませんでした。つまり、わたしの要求や期待がとても高いため、ひとりの男性では応えられないという意味だったのですが、わたしは単にまたフラれたと思ったのです。

わたしはロミオに復讐してやろうと、彼の同僚やバスケットボール仲間、共通の友人、近所の男性と次々と寝ました。そして赤ワインのグラスを傾けながら、彼にそのことを伝えました。

「どう？」

わたしは気取ったそぶりでワインに口をつけ「これで四人よ」と言いました。

「そう言われると、けっこうキツイな」と、彼は本音をもらしました。

「でしょう？　だからおたがいに浮気なんかしないほうがいいのよ」と、わたしは得意顔で言いました。これで二人の仲も深まるはず、と期待したのですが……。

「でも、おまえを本命にするわけにはいかない。おれの友だちと寝たんだからな」

誤算でした。復讐セックス計画は完全に裏目に出てしまったのです。

そこでわたしは「おたがいさまでしょう」と切り返しました。わたしはいつも彼よりもワルぶるようにしていました。そうすることで二人の結びつきが強まると思い込んでいたからです。わたしは『**パパ奪回プロジェクト**』に夢中になるあまり、自分も相手も傷つけてしまったのです。

ふと我にかえって惨状を目の当たりにした時、わたしは自分が例のプロジェクトの生贄になっていることに気づきました。自分自身を八つ裂きにして、そこらじゅうにバラまいていたのです。

まるで麻薬に溺れた売春婦。わたしには救いが必要でした。

第8章
シンディのバックストーリー 2

フォー・マン・プランを実践して結婚するまで。

「生活がかかっていなければ、科学はすばらしいものだ」

——アインシュタイン

わたしはまず筋肉隆々のバーテンダー「マッチョ君」をダーリン候補にしました。彼は二回目のデートで2¼の男に昇格しました。

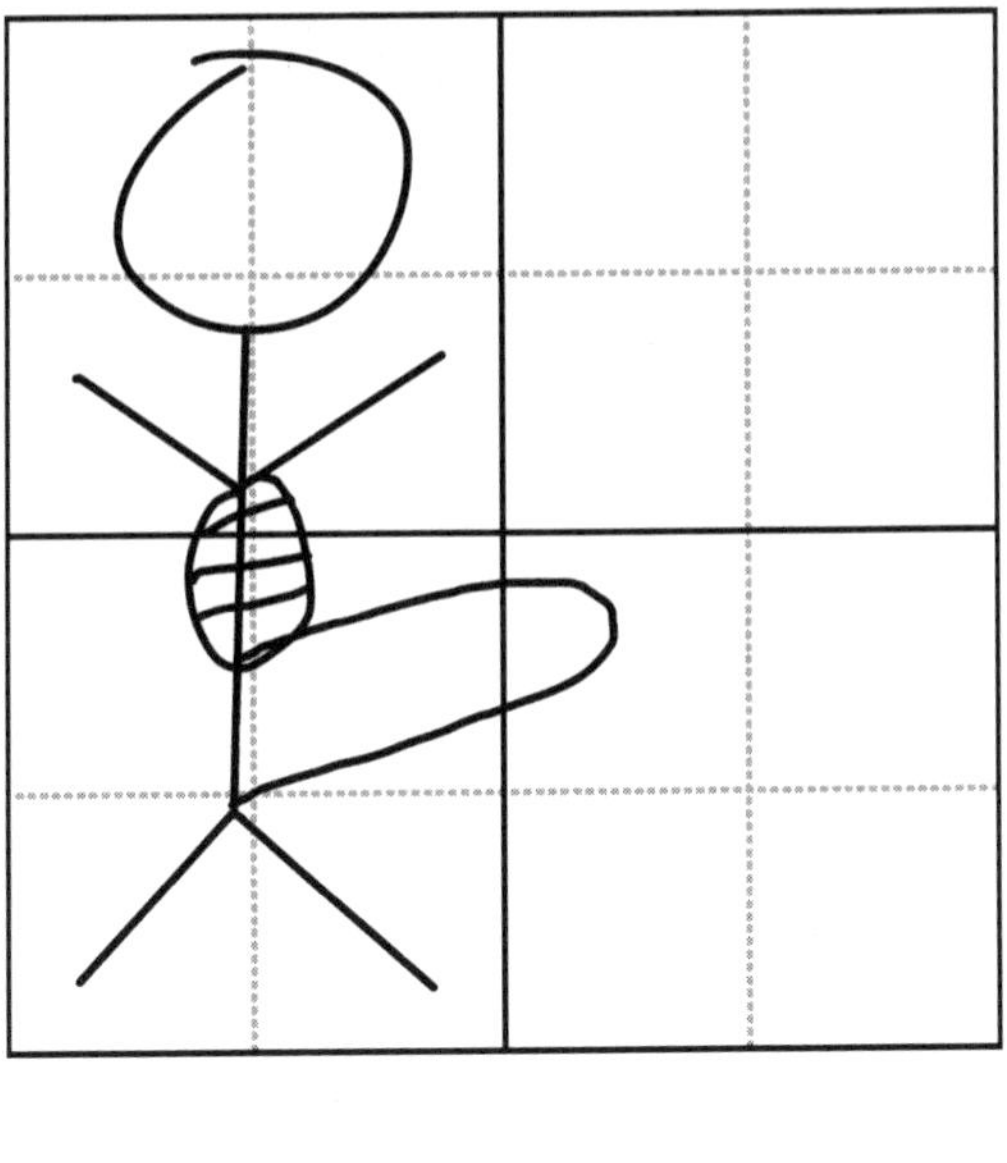

その後すぐに、渋い二枚目の「マルボロ君」を紹介されました。彼はちょっとした有名人で、毛深くてごつい手をしていました。

「宗教君」とは、週末に開催された気功の研修会で知り合いました。♂½の男にしたいところでしたが、遠距離だったので♂¼の男にしておきました。

「ワイキキ君」は、近所の家にホームステイしていました。彼はハワイのヒッピーで、わたしと買い物に出かけるのが大好きでしたが、挨拶代わりに周囲の人を挑発していました。

マッチョ君からは、セックスは最後の切り札にすべきことを学びました。五回目のデートではおたがいに口もきかなくなり、彼はわたしを見送ってもくれなくなったのです。そこで彼を失格にし、問題児の元カレのロミオを復活させました。

その後すぐに、ワイキキ君から愛していると告白されたので、彼を♂1の男に一気に昇格させました。

マルボロ君は、わたしを三回目のデートに迎えに来たとき、玄関でワイキキ君とすれちがいました。二人は立ち止まって目を合わせ、礼儀正しく握手しました。ライバルの存在を知り、『**前提条件その2　ディズニーの法則**』で述べた「騎士道の精神」が芽生えたのです。

これでダーリン育成グラフが、それぞれのタイプのダーリン候補でいっぱいになりました。このグラフを使えば誰でも恋愛上手になれますが、グラフは生き物なので、この先も波乱の連続です。

女友だちからニックを紹介されたので、宗教君を追放しました。ニックはわたしのタイプではなかったのですが、甘え上手で楽しませてくれました。

ニックとの二回目のデートの最中、たまたまワイキキ君に出会いました。三人でバーに行きましたが、わたしがトイレに行っている間に、ワイキキ君はニックを殴ってしまい、失格となりました。

マルボロ君は、わたしによく尽くしてくれたので、わたしから愛の告白をして♂1の男に昇格させました。

親友のデニーは前々からわたしのことが好きでした。あくまでも友だちの対象でしたが、わたしの気が変わり、♂¼の男となりました。こちらに気のある男性は、永遠に友だちでいるよりも、恋人になる可能性が高いものです。

彼らはみなとてもやさしく熱心だったので、わたしは自分に自信を持ち、自分を大切にするようになりました。プランを実行したことで、自分でも気づいていなかった魅力が引き出され、売春婦からやさしく前向きな女性へと生まれ変わったのです。とてもモテるようになりましたが、ロミオをナンバーワンから外すことはできませんでした。彼を失格にすると永遠に失うことになるからです。他の男性にはそれだけの魅力を感じなかったのです。

自分が傷つくことはわかっていても、ロミオとはなかなか手を切ることができませんでした。そこで、とにかくプランを進めてみました。

アール――――

プランをはじめて5カ月目、レストランでアールに出会いました。彼はまったくわたしのタイプではありませんでした。わたしは茶系の洋服の男性が好みなのですが、アールはド派手なピンクやブルーの服を着ていたのです。でもダーリン育成グラフに空きがあったので、彼に話しかけ、何を食べているのか聞いてみました。すると彼は魚料理を取り分け、カクテルを注文してくれました。とても楽しく、意外にも話が盛り上がったので、わたしは彼に電話番号を教えました。

2週間後、アールから電話がありました。でもデートの誘いではなく、（他の本で取り上げている）わたしのカウンセリングを受けたいとの申し出でした。初回のカウンセリングで、彼はここ15年、悲しくても泣けないのだと打ち明けました。とても〝誠実な〟告白でした。二回目のカウンセリングで彼の胸に手を当てると、鼓動が高まり目に涙が光りました。

その後、何回かカウンセリングを行なううちに、アールとの距離は接近していきましたが、クリスマスの1週間前、ついに最終回を迎えました。別れ際、わたしたちはぎゅっと抱き合いました。わたしがほほにキスをしようとすると、彼は顔の向きを変えて唇を重ねました。そして玄関を出て行きました。

それはとても短いキスだったにもかかわらず、他のダーリン候補たちの愛にまさるもので、甘く切ない感情がこみ上げてきました。彼の〝やさしさ〟が伝わってきました。でもクライアントと恋愛関係になるのは気が引けたので、わたしは外食したり、女友だちやダーリン候補たちに電話をかけたりして、アールのことを忘れようとしました。でも、どうしても無理でした。

そこで思い悩んだ末に、アールをグラフに入れることにしました。彼に電話をかけて「あなたのことが、どうしても気になって……」と打ち明けると、彼は「1時間以内にそっちに行く」と言って電話を切りました。とても〝協調性のある〟態度でした。

アールはワインとCDを持ってやってきました。わたしたちは音楽に誘われてダンスをはじめ、いつしかキスをしていました。すると押さえがたい愛情がこみ上げてきて、胸を愛撫され、アールは一晩で♂1の男になりました。

年末年始は、ファミリーパーティ、会社の忘年会、遠出のデートなど、ダーリン候補たちとの約束で忙しく過ぎていきました。アールはクリスマスを過ごすためにミネソタの実家に帰省していましたが、サバイバルゲームに勝ち残るため、遠距離料金がかかるにもかかわらず、毎日電話をくれました。そしていよいよ大晦日が近づいてきました。その年の大晦日はミレニアムを祝う特別な夜で、デートもいっそう気合が入る日でした。

その夜を誰と過ごすべきか考えていると、「東へ行って、自然と触れ合いなさい」というお告げの声が聞こえてきました。お告げの内容はいつもあいまいで理解に苦しむのですが、はずれたことはありません。そこでわたしは、とりあえずその声にしたがってみることにしました。

ダーリン候補たちから、次々と年越しデートのお誘いがありました。その内容はパーティや一泊旅行などさまざまでしたが、傑作だったのはマルボロ君で、チャネル諸島でカヤックをしよう、というのです。自然に触れ合うことはできそうでしたが、あいにく方角が西でした。するとアールが、大晦日をどう過ごしたいかと聞いてきたのです。

「まだ決めていないけど、東へ行って自然と触れ合わなくてはならないの」と、わたしは答えました。結局、アールが年越しデートを勝ち取ったのは、わたしのリクエストがあいまいだったにもかかわらず、非常に〝協調性のある〟様子を見せたからです。

キャンプでの出来事――

大晦日の夜、わたしたちは自然に関わるものを探しに出かけました。それが何なのかはわかりませんでしたが、見ればピンとくるという確信がありました。大混雑しているキャンプ場やみすぼらしいモーテルを下見してみたのですが、どれもイマイチです。数時間うろうろしたあげく、わたしの腕がすっと伸びました。その指差した先を見て、自分でも驚きました。なぜなら「キャンプ禁止」のサインだったから。アールは真面目なタイプでしたが、わたしに頼み込まれて悪の道へと足を踏み入れました。わたしたちは車をそっと停めて、赤い岩とエキセントリックな木々に囲まれた美しい場所でキャンプをすることにしました。

まさに二人だけの世界でした。アールはテントを張り、火を起こし、草むらのかげにトイレを掘ってくれました。わたしはベッドを整え、夕飯の支度をし、周囲を散策しました。そして完璧な自然の家ができあがりました。それは最高のできばえで、「この人はすばらしい夫になるだろう」とビビッときました。

その夜、わたしたちは流れ星を見るために、ひんやりとした岩のうえに腰かけていました。でも、その数がとても多かったので、途中で数えきれなくなり、ミレニアムを祝う鐘の音を聞きながらキスをしました。そして帽子とブーツを身に着けたまま、アールは♂♂2¼の男になったのです。

明け方、わたしはそっとテントを抜け出して、空を見上げてたずねました。

「この人とこの先どうしたらいいでしょう」と。

「5年待ちなさい」と、いつになくはっきりとしたお告げが聞こえました。

「そんなぁ」と言い返しましたが、返事はありませんでした。

家に戻ると、わたしはロミオをプランから追放しました。その後もプランを続けましたが、アールにまさるダーリン候補は現われませんでした。彼はパーティで愛想よくふるまい、買い物につきあってくれ、浮気もしない、最高の彼でした。

そんな関係で1カ月が経ったころ、彼にこう言われました。

「シンディ、きみが他にも三人の男性とつきあっているのは知っているけど、ぼくだけのものになってくれないか。ぼくにはきみしかいないんだ」

それって本気ってことかしら、とわたしはドギマギしながら「どういう意味?」とたずねました。

「結婚を前提につきあってくれないか?」。彼は照れくさそうに微笑みました。

数年前にチャックから告白されたときのように、わたしは目を閉じて深呼吸しました。今回はアールを心から愛していたので、吐き気はしませんでした。わたしも本気でつきあいたかったので「こちらこそ、よろしく」とＯＫしました。

わたしは他のダーリン候補と手を切り、プランを止めました。どこからともなく現われた中西部出身の田舎者の男の子が、堂々と３½の男に昇格したのです、

それから４年半後、わたしたちはついに婚約しました。その間に、わたしたちは同棲をはじめ、かわいがっていたネコを癌で亡くし、三匹目の犬を飼い、二つの新しいビジネスを立ち上げました。わたしたちは同志であり、恋人であり、親友でもありました。

わたしは彼のことを死ぬほど愛していましたが、ときにはイヤになることもありました。でも、そのたびに「５年待ちなさい」というお告げが耳に響きました。本当に彼が白馬の王子様なのか半信半疑でしたが、アールとは腐れ縁でした。

ビーチの誓い――――――

転機がおとずれたのは２００５年の勤労感謝の日でした。わたしたちはビーチでのパーティに招待されました。ビーチ・パーティの楽しみといえばバレーボールくらいですが、プレイ中、わたしのアールに対するイライラは頂点に達しました。彼のやることなすこと全てが気に入らなかったのです。彼は必死でボールを追いかけていましたが、どうやらネットを使うスポーツ

は苦手のようでした。

たとえばテニスにしても、アールは体や足を動かさずにボールを打とうとするのです。わたしはそばに立って、その様子をじっとながめ、彼の生き方と同じだと思ったものです。そして「ボールの動きに合わせて、体を動かしなさいよ！」と心の中で叫んでいました。

この日はバレーボールでしたが、いずれにしてもアールのプレイはパッとせず、わたしは腹が立って仕方ありませんでした。案の定、彼は体当たりでボールに突っ込んで、手を怪我しました。わたしは楽しみを邪魔されたくなかったので、手に氷を乗せてテントの下で休んでいる彼を尻目に、プレイを続けました。ゲームが終わってから様子を見に行くと、彼は溶けた氷を握りしめながら「痛い、すごく痛いんだ」と苦しんでいます。

「まあ、しっかりして」

「気を失いそうだ」

そう言うと、彼は頭をがっくりと垂れて、う〜んとうめき声をあげ、ぜいぜいと呼吸をし、体を硬直させて、意識を失ってしまったのです。頭を持ち上げてキスしてみましたが、ぴくりとも動きませんでした。

その時、ふと父の言葉を思い出しました。父は心臓発作で倒れた人の指を噛んで意識を取り戻させ、「体にショックを与えると、痛みに反応して意識が戻るんだ」と説明しました。

そこでわたしは婚約者の顔を抱きかかえて、ひっぱたきました——「しっかりしてちょうだい！」と願いながら。

腕をふりあげて、もう一度ビンタしました。「ずっと一緒にいるって言ったじゃない」

でも彼は頭を後ろに垂れて、白目をむくばかり。

わたしは半狂乱になりました。彼は死んじゃうの？　わたしのほうが先に死ぬって約束したのに。今日死ぬなら、先にそう言ってくれれば、わたしは昨日自殺したのに。「アール、死なないで！」。でも反応はありませんでした。

わたしは顔を上げて叫びました。

「助けて、アールが気絶しちゃったの！」

まわりにはたくさんの人がいましたが、誰も助けに来てはくれませんでした。他の誰かが助けを必要としていたら、アールは真っ先に駆けつけるやさしい人なのに……。

わたしは、一生をともにしたいのはアールだけなのだと実感しました。彼なしの人生は考えられませんでした。

痛みに反応するはず——わたしはもう一度、力いっぱいアールをひっぱたきました。すると彼は頭をぐるりと動かし、湖のように青い目をぱちくりさせたのです。

「もう、死ぬほど心配したんだから！」と私は声をかけました。

「どうやら気絶してたみたいだ」とアールはつぶやきました。

アールの手の怪我は痛そうでしたが、大したことはありませんでした。レントゲン検査でも問題はなく、2週間指にギプスをするだけで済みました。単に痛みに弱いタイプだったみたい。

その夜、ビーチ・パーティから家に戻ると、わたしの気持ちは変わっていました。彼が気絶していた45秒間、彼なしの人生など考えられず、彼がかけがえのない人だと気づいたのです。すると突然、二人が抱えていた小さな問題や、彼のささやかな欠点が、まったく気にならなくなりました。

つきあって約5年後、そのビーチでの出来事をきっかけに、わたしは彼の妻になる決心を固めたのです。

ウェディング・イン・ベガス――――

アールとわたしは、両親の心配をよそに同棲生活を満喫していましたが、二月のある金曜日、冗談半分に挙式の日取りを考えはじめました。朝起きてから夜六時まで、一日中話し合ううちにすっかりその気になり、その夜、ラスベガスに飛ぼうとしたのですが、あいにく飛行機は満席でした。そこで、とりあえず日取りだけを決め、1カ月後、ついにラスベガスに向かいました。そして国内各地から16人の友人を招き、インターネットで挙式の様子を一般公開しました。誓いの言葉は二人で考え、わたしたちらしいユーモアたっぷりの文章を読み上げました。

突然のことだったので、デキちゃった結婚だという噂も流れたようですが、そんなことはあり得ません。アールとシンディらしく、みんなをあっと驚かせたかっただけです。挙式の前に開いたディナーパーティで、アールはわたしを喜ばせるために式を挙げたと言いましたが、チャペルを出た瞬間に彼の気持ちも変化したようです。

「きみはぼくの妻だ。この人がぼくの妻なんだ。よろしく、奥さん」とやさしく誇らしげに何度も繰り返しました。カジノに併設されたチャペルで、彼はわたしの夫になったのでした。

わたしたちは運命共同体。二人でいると勇気がわき、やる気が生まれ、ラブラブな気持ちになります。

わたしの白馬の王子様は、背が高く赤ら顔で無口な、ミネソタ出身の坊主頭の男性でした。今のところ、彼一筋です。

４ＭＰのおかげで、わたしは他の男性たちのなかからアールを選び、ばかげた『**パパ奪回プロジェクト**』とも手を切ることができました。そしてこれからも彼が運命の人だと信じていくことができるでしょう。わたしたち二人はプランによって結ばれたのです。

第9章
フォー・マン・プランで迷ったときのアドバイス

**男性に遠慮することなく、
プランを満喫しましょう。
弱気になることはありません。**

「平和は武力では維持できない。
それは相互理解によってのみ実現されるのだ」
——アインシュタイン

恋愛上手になるというのは一生の課題です。まるでパックマンのように、あるステージをクリアしても、次のステージが現われます。そして回を重ねるごとに高得点が出せるようになるのです。

でも、４ＭＰを続けるのは、せいぜい半年くらいにしておきましょう。一発で成功する人もいれば、数年後に効果が出る人もいます。

いずれにしても、プランには三つの成功パターンがあります。

パターン1　究極の男＝3½の男をゲットする。

3½の男は、せいいっぱい戦い、あなたのハートを射止めた真の勝者。将来を共にする約束を交わし、一緒にいると自然体でいられる男性です。彼は次の五つの条件をクリアしているはず。

1．誠実　2．やさしい　3．協調性がある　4．おたがいに本命の相手である　5．あなたに愛されている

3½の男といえども、ＮＧ要素を少なくとも一つは抱えているものです。彼は完璧ではありませんが、それはあなたも同じ。おたがいの欠点を認め合えば楽になり、笑い飛ばせるようになります。

彼は他のダーリン候補にはないオーラで、あなたに安らぎを与えてくれるでしょう。なぜ4の男ではなく、3½の男なのかというと、あなたの要求を完全に満たしてくれる男性はこの世に存在しないからです。

The 3½ Man Venn Diagram
<3½の男 ベン図>

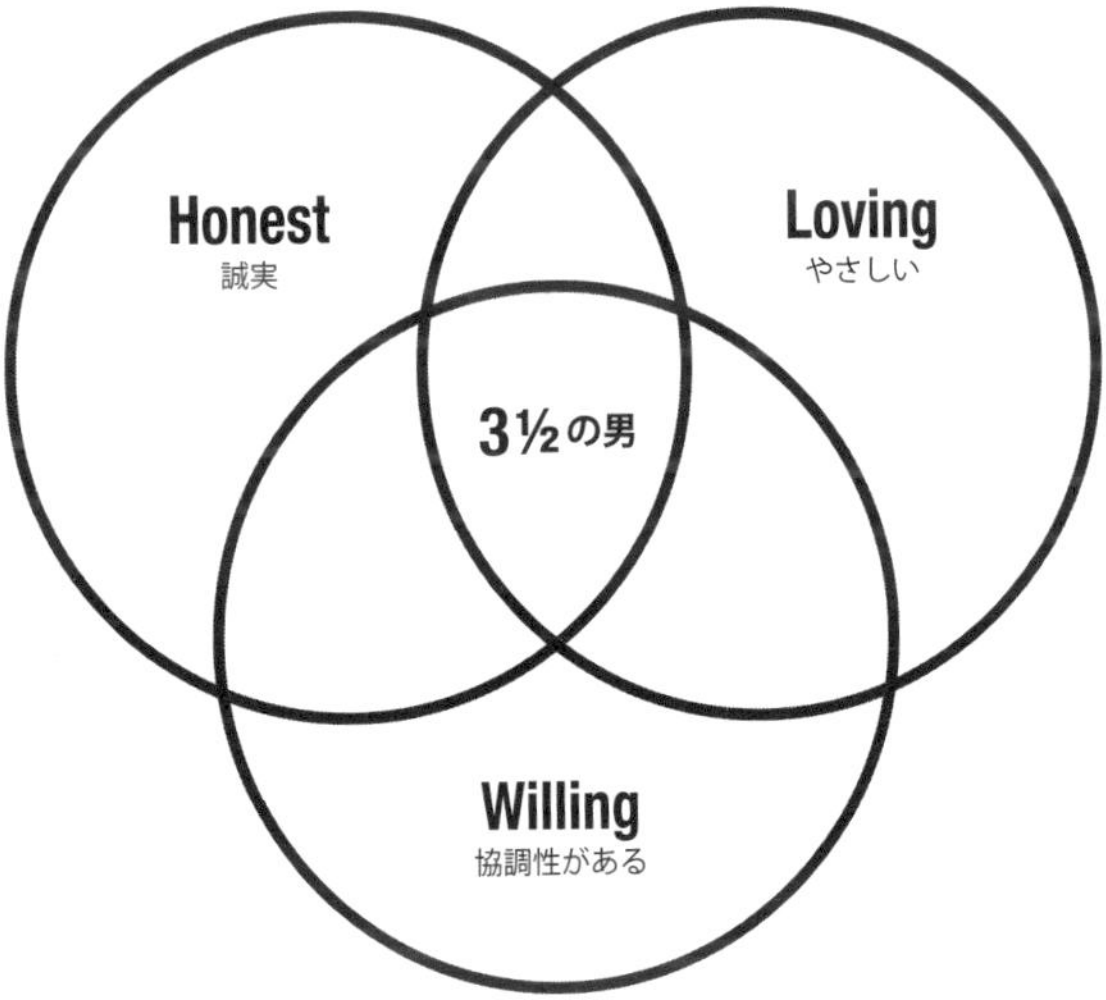

3½の男が見つかれば御の字だと納得しましょう。

そして他のダーリン候補とはきっぱりと手を切り、プランを終了しましょう――「おつきあいできて楽しかったわ。でも本命の彼にしぼることにしたの」と。

3½の男とうまくいかなかった場合、少なくとも3カ月たってからプランを再開すること。ダーリン育成グラフを作成する前に、プランを見直し、女友だちと出かけ、読書をして心を落ち着かせましょう。

パターン2　プランをペースダウンする。

　ある程度のことを学んだら、ダーリン育成グラフを埋めるペースを落とし、リラックスしましょう。男性と出会うのはそれほどむずかしいことではなく、デートが楽しいものだということがわかったでしょう。もう嫉妬に狂わなくなり、相手がフェレットを飼っていようと、いびきがうるさかろうと気にならなくなったはず。あなたは心の広い女性に生まれ変わったのです。お疲れ様、今後もがんばって。

パターン3　シングルをつらぬく。

　ちょっとお試しに、または心の傷をいやすためにプランをかじってみた人もいるでしょう。自分が素敵な女性で、かなりモテることがわかっただけでも儲けもの。まだ腰を落ち着ける気にはならない人は、心置きなくシングルライフを満喫して。

第 10 章
各世代のサクセスストーリー集

最短で４ＭＰを成功させるために、成功者の体験談とダーリン育成グラフを参考にしましょう。

「思いっきり楽しんで！」

――シンディ・ルウ

個人的な取組みとしてはじめた４ＭＰが、おおぜいの女性たちの役に立つなんて最高の気分！　アメリカだけでなく、韓国、日本、ロシア、イスラエルなど遠くの国々からも、たくさんのメールが届きました。４ＭＰは年齢、人種、経済力、宗教などの垣根を越えて広がっていったのです。

最後に、四人の成功者の体験談を紹介します。彼女たちはプランに打って出て幸せを手に入れました。ぜひ参考にして、付録のダーリン育成グラフを埋めて、あなた自身のプランに取り組んでみて。

■とても忙しいステラの場合

ステラは20代の女優兼女社長。彼女のプランの使い方はクリエイティブでおもしろく、まるで彼女の性格そのもの。プランを実行する前の彼女は、20歳も年上の初恋の男性のことが忘れられず、誰とつきあっても3カ月しかもちませんでした。

ステラは、やさしい男性ではものたりず、亭主関白な男性がタイプの典型的な恋愛下手でした。それに「まるで挨拶代わりに、すぐにセックスしていた」そうです。でも４ＭＰを読んで、ステラは男性と長続きしないのは、軽はずみなワギナのせいだと気づきました。

ステラはまず、デザイナー君を♂¼の男にしました。すると最初のデートの後、彼がデザインしたゴージャスな服が送られてきました。まだキスもしていないのに！　彼女はそのやさしさに驚きました。「こんなの初めて」。そして三回目のデートで、ソファの上でいちゃいちゃして、彼を♂1の男に昇格させました。

ステラは、肉体関係が進むと一人の男性にのめりこんでしまう悪いクセが出て、デザイナー君に嫌われるのではないかと心配になりました。そこで手を尽くして♂¼の男を集めました。プランを頭に叩き込んで許容範囲を広げ、以前は価値観のちがいからNGリストに加えていた先住民もダーリン候補にしました。

また**『デートは最低二回』**の法則のおかげで、判断を早まることもなくなりました。「それまでは最初の2分で相性がわかると思いこんでいたけれど、もう一度デートしなくちゃと思ったら、相手の長所が見えてきたの」。デートは宝探しのようなもの。新たに♂¼の男に加えたパイロットと背の高い青年は、ステラの予想よりもはるかにおもしろい人でした。そして先住民の彼とは三回目のデートの別れ際にキスを交わし、♂1の男に昇格させました。

以前のステラはやさしい男性を避け、世の中には素敵な男性がいないと嘆いていましたが、プランをはじめてから数週間で男を見る目を養ったのです。

でもスランプが訪れました。新たにダーリン候補となった画家の青年があまりにもやさしすぎて、ついていけなくなったのです。「どうしよう！　彼がやさしすぎて、気が変になりそうだわ」。でも、なんとか耐えることができました。

デザイナー君は五回目のデートで、菜食主義のステラに肉なしのグラタンをふるまい、次は〝歯ブラシ持参〟でお泊まりに来ないかと誘いました。でもステラのものさしによると、まだ体を許す準備ができていなかったので、**『セックスは最後の切り札』**にとっておくことにしました。彼はスネましたが、彼女は自分の考えを押しとおし、代わりに映画に行くことにしました。

ステラはデザイナー君を♂1の男としてキープでき、セックスなしでも男性と楽しく過ごせることに、とても感動しました。セックス以外のデートはとても楽しく、暗闇の中で30分あえぎ声をあげるよりも、仲が深まるのです。

4カ月後、ステラは仕事が忙しくなり、ダーリン育成グラフをフル回転させるのがむずかしくなりました。そこで彼女はグラフ作りを停止して、新たなダーリン候補の投入を控えることにしました。プランにふりまわされることはありません。忙しいときは休んでもＯＫ。時間の許す範囲で取り組み、納得したら卒業すればいいのです。３½の男を得ることだけが成功の証とはかぎりません。

ステラは今ではグラフを使わないでデートしていますが、４ＭＰの重要なルールは守っているそうです。彼女のようにマイペースでプランを利用してもＯＫです。

Stella's Mantris Graph
<ステラのダーリン育成グラフ>

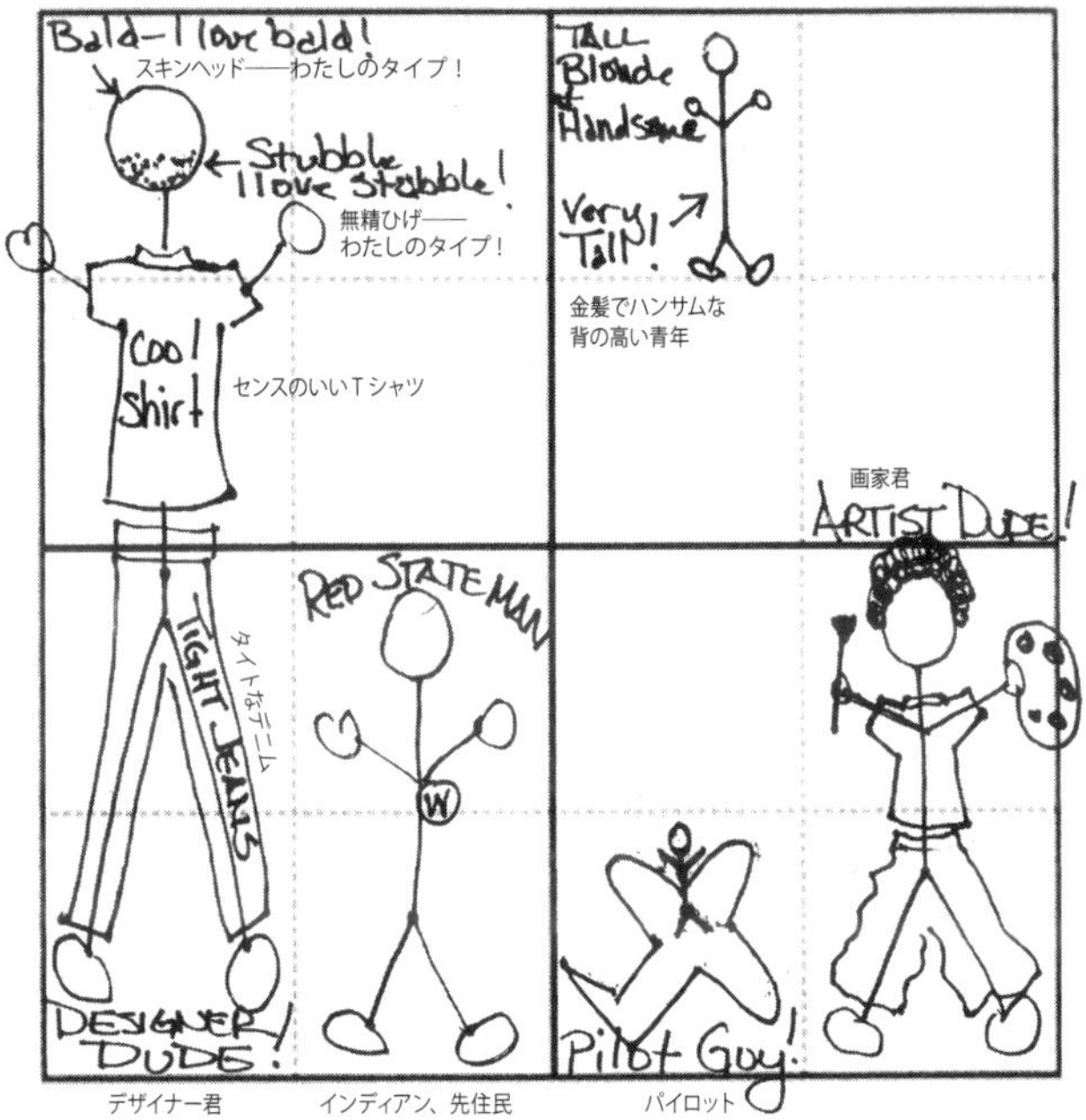

■真面目なチェルシーの場合

チェルシーは30代のキャリアウーマン。エクセルを使ってダーリン育成グラフにダーリン候補を配置するという新ワザに挑戦しました。

チェルシーは浮気が許せないタイプで、母親ゆずりの嫉妬深い性格を直したくてプランをはじめました。「いまだに結婚できないってことは、この固さがネックなんだと思うの」と彼女は打ち明けました。まずは肝要さを身につける必要がありました。

プランをはじめて1週間目、チェルシーは二人の新しい彼とデートしました。本命の彼以外とデートするのは10年ぶりでした。そして♂¼の男を増やしながら、本命の彼のアンソニーを⚣2¼の男にしました。

♂¼の男のエヴァンは、格好よくキメて、チェルシーを初めてのデートに迎えにきました。しかもちょっとしたプレゼントまで用意して、ディナーとコメディショーも奢ってくれました。チェルシーはエヴァンの心づかいに大感激。本命のアンソニーはすっかりかすんでしまいました。

チェルシーは他にもダーリン候補がいましたが、エヴァンはピカイチでした。「でも以前のように彼一人にのめりこんだりはせず、それなりの態度で応えたの」

そしてチェルシーはついに彼氏のアンソニーを追放して、エヴァンを⚣2¼の男に昇格させました。あとは『**将来に関する話題を口にしない**』ように気をつけながら、エヴァンから結婚を前提にしたおつきあいを申し込まれるのを待つばかり。彼女は辛抱強く待ちながら、他のダーリン候補ともデートを続けました。

ところが、ある晩ショッキングな電話がかかってきました。エヴァンが別れたいと言ってきたのです。ぼくはきみにはふさわしくないと下手な言い訳をしながら。「その晩は目が冴えてしまって、暗がりのなかでエヴァンのことを考え、胸が苦しくなったわ」。彼を取り戻す方法はないかとずっと考え続けたそうですが、もちろん時間の無駄でした。

チェルシーはプランの教えどおり他のダーリン候補たちをキープしていたので、エヴァンの言葉を冷静に受け入れることができました。そして悲しみをこらえて、積極的にプランを続けました。『**イエスの法則**』を守りインターネットを駆使して、ダーリン候補をさらに増やし、気に入った男性を次々と昇格させていきました。医者の彼からはティファニーのネックレスをもらい、同僚のロッコには仕事の悩みを相談し、無邪気な若者のレオとはセックスを楽しみました――エヴァンのことなどすっかり忘れてしまったかのように。

またチェルシーは、以前よりセックスに慎重になりました。そこでレオを♂1の男に格下げして、気軽に寝ないことにしました。彼女は肉体関係を結ぶにはそれなりの覚悟が必要なことに気づき、『**交際のものさし**』の目盛りを全体的に上げたのです。

そのいっぽうで、セックス以外のことには大胆になり、ハワイに一人旅に出かけました。そしてダンスホール、ハイキングコース、帰りの飛行機の中で、新たな男性たちと知り合いました。チェルシーは絶好調で、次々と男たちを手玉にとっていきました。

そしてハワイから戻ると、テディベアのように愛嬌のあるレーサーに出会いました。デートの約束をしましたが、彼はまったくチェルシーのタイプではありませんでした。でも『**相性なんて水もの**』で、誕生日に彼からディナーに誘われると、彼女は喜んでOKしました。「その晩のレーサー君は、ほかの誰よりもだんぜん素敵だった」とのこと。そして翌朝、最高の誕生日だったとお礼状を送ったそうです。「でもご褒美にフェラチオをサービスしたりはしなかったわ。言葉でほめるのがうまくなったから」

そして四回目のデートでチェルシーはレーサー君にキスをして、♂1の男に昇格させました。すると彼から結婚を前提にしたおつきあいを申し込まれたのです！　彼女はプランを満喫していたので、少し考えさせてほしいと返事をしましたが、1週間後、他のダーリン候補たちと丁重にお別れし、3½の男の胸に飛び込みました。

こうしてチェルシーは最愛のダーリンを見つけたのです。自分に自信を持ち、今でも幸せに過ごしています。チェルシー、おめでとう！

Chelsea's Mantris Graph

<チェルシーのダーリン育成グラフ>

■不死鳥エリーの場合

エリーは40歳、最近離婚したばかりで二人の子どもがいるシングルマザー。彼女は15年の結婚生活の後、夫から男が趣味だと、つまりゲイだと打ち明けられました。エリーは呆然としました。いったいどういうこと？ 夫と別れるべきかしら？ 女としてのわたしの立場は？ 数カ月後、ショックから立ち直った彼女は、新しい出会いを求めて4MPにたどりついたのです。

エリーは、共通の友人を通じてジョーと知り合いました。まずはランチデートを楽しみましたが、彼から次のデートの誘いがなかったので、**『デートは最低二回』**の法則にしたがって一週間後に自分から二回目のデートに誘いました。そして彼をうまくその気にさせて、♂1の男にしました。

でもエリーは離婚を決意したばかりだったので、ジョーとの恋愛だけにのめりこまないように、二人の♂¼の男ともランチデートをしました。

三回目のデートで、エリーとジョーは早くも熱く大胆なセックスをしました。あらまあ！ でも♂♂2¼の男に昇格させる基準に決まりはありませんから、本気度が高まったときでOK。エリーは結婚生活への未練を断ち切るためにはめを外したのです。

プランの手順としては、まずジョーに他にもつきあっている人がいることを伝えて、♂½の男にしておくべきでしたが、彼女は失敗をうまく挽回しました。「ジョーとわたしは、おたがいに他にもつきあっている人がいたけれど、寝るのは一人だということを確認しあったの。話し合いは意外とすんなりまとまったわ」

エリーはすぐにプランをマスターし、ダーリン育成グラフは満員になりました。そして陸軍の兵隊に最初のデートでメロメロになりましたが、ジョーを⚣2¼の男にしていたので『**チャックの教訓**』にしたがって新しい彼とベッドに飛び込むのは思いとどまりました。大正解！　彼は見かけ倒しだったので、彼女は愛想をつかし、すぐに別れてしまったのです。

でもジョーとの関係は難航しました。彼はエリーに無断で1週間以上もどこかへ行ってしまうことがあったのです。彼もまた子連れ離婚をしていて、連休は家族と過ごすことが多かったから。エリーは自信を失い、嫉妬しはじめましたが、4MPのおかげでスランプを乗り越えることができました。

エリーは何人かの♂¼の男とネットで連絡をとっていましたが、スロー・マンというスクリーンネームの男性が気になりだしました。そこで、4MPの教えにしたがって、『**ネット恋愛**』にのめり込む前に、直接会うことにしました。スロー・マンは絶好の気晴らし相手になりました。ジョーからやっと連絡があり、旅行から帰ったら電話すると言われたとき、エリーはこう思ったそうです。「彼の電話を余裕で待つことができたわ。スロー・マンがいたから」

ちょうどそのころ、親友の夫が脳卒中におそわれ、エリーは看病の手伝いで忙しくなりました。根っから世話好きな彼女は友人夫婦を励まし、ダーリン候補たちにはあまり時間が取れない事情を伝えました。するとスロー・マンは脳卒中についてのウェブサイトのアドレスをメールで教えてくれました。「特大のバラの花束をもらうよりもうれしかったわ」

彼はある晩、エリーの家にやってきて、暖炉のそばで彼女の労をねぎらい、二人は2時間もキスしつづけました。エリーは彼にフェイバリット・マンというあたらしいニックネームをつけました。

エリーはジョーが戻ってきてからもフェイバリット・マンとデートをつづけました。彼女はこのときは気づいていませんでしたが、**『セックスは最後の切り札』**と**『チャックの教訓』**がうまく働いていたのです。フェイバリット・マンとはセックスしなかったおかげで、心の絆を深めることができました。また、ジョーを裏切らずに済んだので、彼との将来を棒にふることもありませんでした。ジョーとは肉体的に、フェイバリット・マンとは感情的に、親密になっていたのです。

結局、フェイバリット・マンは、遠距離恋愛についていけなくなり、身を引きました。「フェイバリット・マンにはいろいろとお世話になったけれど、一緒に楽しいときを過ごせたので悔いはない」そうです。

その後エリーは離婚調停で忙しくなり、プランをしばらく休むことにしました。誰かと真剣に交際する心の準備ができたら再開するそうです。

エリーは4MPのおかげで、新しい未来へのドアを開くことができました。離婚の準備を進め、ショックをふきとばし、心の整理をすることができたのです。彼女は現在シングルライフを満喫中ですが、ジョーは首を長くして彼女が再婚してくれるのを待っています。

Ellie's Mantris Graph

<エリーのダーリン育成グラフ>

■大御所ジョージアの場合

ジョージアは二度の結婚歴のある50代の女性。最初の結婚生活は14年続きましたが、後味の悪い離婚に終わりました。二回目の結婚生活は17年続きましたが、２００３年に突然夫と死に別れました。ジョージアには孫もいますが、とても元気。サルサ・ダンスが大好きで、ビーチでサーフボードを抱えている水着姿の写真まで送ってくれましたが、「私たちみたいに結婚生活が長かった女性は、急にデートしようとしても、とまどってしまうのよね」と打ち明けました。

ジョージアのような女性の場合、結婚生活のコツはわかっていても、独身に戻ったとたんに恋愛下手になってしまうのです。でも４ＭＰのおかげで、久しぶりのシングルライフを楽しむことができました。

プランをはじめてすぐに、ジョージアは最愛の夫を基準につくった膨大な希望条件リストを封印しました。すると驚いたことに、たった一日で♂¼の男が二人も見つかったのです。彼女はコンサートで出会った男性から名刺をもらい、スーパーでたまたま話をした男性からメールアドレスを教えてもらいました。「まるで花から花へと蜜を集めてまわるチョウチョみたい」と笑いが止まりませんでした。

実はジョージアにはサルサ・ダンサーの⚤2¼の男がいました。彼はずっと年下でしたが、おたがいに一目ぼれだったそうです。以前は彼に結婚を意識してもらおうと必死になっていましたが、4MPにしたがって、気長に待つことにしました。そして彼に他にもデートしている相手がいることを告げました。これは⚭2¼の男には効果的です――二人の関係をステップアップするか、彼女が他の男とデートするのを我慢するか、のどちらかの選択を迫られるから。

ジョージアは、♂¼の男たちを相手に**『イエスの法則』**と**『デートは最低二回』**を実行し、さらにグラフを埋めるために、生まれてはじめてインターネットを使って相手を探しました。そしてお見合いサイトを通じてジェイと知り合いました。「たまたま大当たりだったの。出会った瞬間にうまくいきそうだと思ったわ」。でも二人の愛が本物かどうかじっくり見極めるために、彼女は他の♂¼の男たちともデートを続けました。「プランのおかげで気楽に恋愛を楽しめるようになったわ。目からウロコが落ちた気分よ」

プランをはじめて2カ月後、ジョージアはじゅうぶんな手応えを得てプランを終え、ジェイと本気でつきあいはじめました――ライバルの存在を知らせたとたん、自分だけのものになってほしいと言われたからです。そこで彼女は⚭2¼の男に、好きな人ができたので別れてほしいと伝え、ジェイを3½の男にしたのです。

3カ月後、ジョージアから近況報告がありました。「先週、ジェイと婚約しました。わたしは今とっても幸せです」とのこと。彼女はみごとに4MPの最短記録を達成しました。ジョージア、おめでとう！　ジェイとお幸せに。

ジョージアはガッツで４ＭＰをこなしました。プランに年齢制限はありません。おばあちゃんでも大丈夫。

さて、次はあなたの番です。グラフを埋めていきましょう。まず左ページに、わたしの例を掲載しておきます。

Geqrgia's Mantris Graph

＜ジョージアのダーリン育成グラフ＞

How to Use the Blank Mantris

<ダーリン育成グラフの使い方>

	Plan Man	Value	▲ or ▼	Notes
1.	ROMEO ロミオ	2/4	NEW	EX REFLEX 元カレ
2.	NICK ニック	1/4	NEW	MIME わたしに気がある
3.	MALAKA HIKI HI ワイキキ君	1	↑	SAID HE LOVES ME 愛していると言われた
4.	MARLBORO MAN マルボロ君	1/2	↑	SHOOK MALAKA'S HAND 手をつないだ
5.				
6.				
7.				
8.				
9.				
10.				

The Four Man Plan
<あなたのダーリン育成グラフ>

Week # ______

	Plan Man	Value	▲ or ▼	Notes
1.				
2.				
3.				
4.				
5.				
6.				
7.				
8.				
9.				
10.				

The Four Man Plan
＜あなたのダーリン育成グラフ＞

Week # ______

Plan Man	Value	▲ or ▼	Notes
1.			
2.			
3.			
4.			
5.			
6.			
7.			
8.			
9.			
10.			

フォー・マン・プランの掟

1. つねに自分らしく
2. 質問には正直に答える
3. 誠実さ・やさしさ・協調性を大切にする
4. 女性の味方になり、人の彼氏には手を出さない
5. その気になれば素敵な男性はたくさんいる

6. 恋愛は練習しだいで楽しめるようになる

7. リスクを分散すれば恋愛のチャンスは倍増する

8. 愛とは努力して手に入れるものである

9. 交際相手や自分に気のある男性の長所に目をむける

10. ワギナはしっかり閉じておく

11. 恋愛を思いっきり楽しむ！

著者　シンディ・ルウ (Cindy Lu)
女優歴18年。舞台女優として活躍するかたわら、「ＥＲ」「フレンズ」「となりのサインフェルド」「デスパレートな妻たち」など数々のＴＶドラマや映画やコマーシャルに出演。ロサンゼルスで上演したひとり舞台「フォー・マン・プラン」をもとに本書を執筆。また、女優業の合間をぬってカウンセリングの仕事も行なっている。カリフォルニア州カルヴァーシティ在住。シンディ・ルウとフォー・マン・プランのくわしい情報についてはwww.thefourmanplan.comにアクセス。

訳者　北村礼子 (きたむらあやこ)
慶應義塾大学文学部卒業（英米文学専攻）。三菱電機（株）にて女性総合職として事業企画を担当した後、ニューヨーク市立大学に留学。帰国後より翻訳に従事。訳書に「サッカー名監督に学ぶ勝つための経営学」「反抗期ってむずかしい　迷路から抜け出す５つのステップ」（共にオープンナレッジ）他。

幸せな結婚を引き寄せる最強プラン
ダーリンは「４人の騎士」から選びなさい！

2008年2月7日　初版第1刷発行

著者　シンディ・ルウ
訳者　北村礼子
翻訳協力　オフィス・カガ

発行者　石﨑　孟
発行所　株式会社マガジンハウス
〒104-8003
東京都中央区銀座3-13-10

受注センター　049-275-1811
書籍編集部　03-3545-7030

カバーイラスト　SMO
装丁　北住未奈 (Double Fad co.,ltd.)

印刷・製本　大日本印刷株式会社

ISBN 978-4-8387-1846-7 C0095